Leitura do texto literário

COLEÇÃO **LINGUAGEM & ENSINO**

A força das palavras Ana Lúcia Tinoco Cabral
A frase na boca do povo Hudinilson Urbano
A leitura dos quadrinhos Paulo Ramos
Análise e produção de textos Leonor Werneck Santos, Rosa Cuba Riche e Claudia Souza Teixeira
Leitura e persuasão Luiz Antonio Ferreira
Os sentidos do texto Mônica Magalhães Cavalcante
Preconceito e intolerância na linguagem Marli Quadros Leite
Texto, discurso e ensino Elisa Guimarães
Verbo e práticas discursivas Maria Valíria Vargas

Conselho Acadêmico
Ataliba Teixeira de Castilho
Carlos Eduardo Lins da Silva
José Luiz Fiorin
Magda Soares
Pedro Paulo Funari
Rosângela Doin de Almeida
Tania Regina de Luca

Proibida a reprodução total ou parcial em qualquer mídia
sem a autorização escrita da editora.
Os infratores estão sujeitos às penas da lei.

A Editora não é responsável pelo conteúdo da Obra,
com o qual não necessariamente concorda. O Autor conhece os fatos narrados,
pelos quais é responsável, assim como se responsabiliza pelos juízos emitidos.

Consulte nosso catálogo completo e últimos lançamentos em **www.editoracontexto.com.br**.

Leitura do texto literário

Ernani Terra

COLEÇÃO **LINGUAGEM & ENSINO**
Coordenação de Vanda Maria Elias

Copyright © 2014 do Autor
Todos os direitos desta edição reservados à
Editora Contexto (Editora Pinsky Ltda.)

Foto de capa
Claude Monet, *Dans la prairie* (óleo sobre tela)

Montagem de capa e diagramação
Gustavo S. Vilas Boas

Preparação de textos
Lilian Aquino

Revisão
Tatiana Borges Malheiro

Dados Internacionais de Catalogação na Publicação (CIP)
(Câmara Brasileira do Livro, SP, Brasil)

Terra, Ernani
 Leitura do texto literário / Ernani Terra. – São Paulo :
Contexto, 2014.

 Bibliografia
 ISBN 978-85-7244-829-1

 1. Gêneros literários 2. Leitura 3. Literatura 4. Livros e
leitura 5. Narrativa (Retórica) I. Título.

13-13696   CDD-418.4

Índice para catálogo sistemático:
1. Leitura   418.4

2014

Editora Contexto
Diretor editorial: *Jaime Pinsky*

Rua Dr. José Elias, 520 – Alto da Lapa
05083-030 – São Paulo – SP
PABX: (11) 3832 5838
contexto@editoracontexto.com.br
www.editoracontexto.com.br

Sumário

Apresentação 7

O que é literatura 13
    Literatura e literariedade 14
    Para trabalhar com seus alunos 45

Leitura e texto 51
    Leitura 51
    Texto 62
    Intertextualidade 73
    Para trabalhar com seus alunos 88

Gêneros literários 93
    Classificação dos gêneros literários 95
    Sequências textuais 111
    Para trabalhar com seus alunos 126

A narrativa 133
    O conto 134
    O romance 140
    A novela 142
    A crônica 143
    Elementos da narrativa 146
    Para trabalhar com seus alunos 180

Conclusão 183

Bibliografia 187

O autor 191

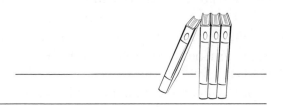

Apresentação

Por que tratar especificamente da leitura do texto literário? Os procedimentos acionados na leitura de um poema, de um conto, de um romance não são os mesmos que os utilizados na leitura do jornal diário? Na sociedade moderna, em que as pessoas correm contra o tempo, pode-se ler por simples prazer, sem preocupações utilitárias?

A leitura é prática social de construção de sentidos decorrente de um processo interativo entre autor e leitor, mediado pelo texto. Esta obra parte do princípio de que o sentido não está no texto, mas que é construído pelo leitor num processo interacional, no qual se mobilizam conhecimentos de diversas espécies. Ler é uma atividade multifacetada, o que significa que as estratégias usadas na leitura não são as mesmas para todo tipo de texto: não se lê uma receita culinária da mesma forma que um romance. Pode parecer óbvio, mas nunca é demais lembrar que um poema deve ser lido como poema; uma receita como receita. Mesmo a leitura do jornal diário varia, dependendo do que o leitor busca. Em geral, escanea-se a primeira página e seleciona-se aquilo que se vai ler. Em outros casos, faz-se uma leitura indo diretamente à informação que se busca. Caso se queira saber a cotação do dólar, ou o resultado de uma partida de futebol, o procedimento é ir diretamente ao caderno em que se encontram essas informações e fazer uma leitura rápida, para extrair as informações procuradas. O diálogo com esses textos será pequeno, na medida em que a leitura será guiada apenas pela busca de uma informação objetiva. Caso se trate da leitura de um editorial, ou de um artigo de opinião, a postura do leitor será outra; pois a leitura não será guiada apenas pela busca de informação. Nesse casos, a atitude do leitor se caracterizará pela aceitação ou não, no todo ou em partes, das ideias expostas, num diálogo ativo com o autor.

Este livro, destinado a professores de ensino fundamental II e médio, a estudantes de Letras e de Pedagogia e a todos que têm interesse sobre leitura literária, visa dar subsídios para o ensino e a prática de leitura de textos pertencentes ao discurso literário. Como se sabe, a escola deve trabalhar a leitura dos mais diversos gêneros de texto e, dentro dessa diversidade, o texto literário tem papel relevante; pois, se o contato com gêneros como a notícia, o e-mail, o blog, o texto publicitário ocorre também fora da escola, é fato que o contato de nossos estudantes com gêneros pertencentes à esfera literária é cada vez mais restrito a situações de ensino. A proposta deste livro, portanto, está de acordo com os PCNs que postulam que "o estudo dos gêneros discursivos e dos modos como se articulam proporciona uma visão ampla das possibilidades de usos da linguagem, incluindo-se aí o texto literário".

O objetivo, portanto, é trazer subsídios a alunos e professores no sentido de propiciar o desenvolvimento da capacidade leitora de textos literários, a partir da compreensão de como eles se estruturam e se organizam, e isso é condição necessária para que se desenvolva o prazer de ler esse tipo de texto.

A linguagem literária tem características próprias que a diferenciam dos outros tipos de texto. O objetivo pelo qual se lê um texto literário pode apresentar variações. Há quem leia romances simplesmente para passar o tempo. Nesse caso, os romances de aventura ou de mistério são excelentes. Há quem leia para tomar contato com a experiência de vida de outros, a leitura como ampliação de horizontes. Em outros casos, lê-se por puro prazer. Há ainda situações em que a leitura literária é compulsória, como na escola e nos exames. Nesses casos, o objetivo estará guiado essencialmente para a compreensão, pois a leitura será objeto de avaliação. Como esse tipo de leitura será "cobrado", a fruição do texto passa a ocorrer em grau mínimo, ou até mesmo a não existir, razão pela qual a leitura compulsória pode ser desestimulante.

Não importa o motivo pelo qual se lê um texto literário, o fato é que a leitura desse tipo de texto requer por parte do leitor a ativação de estratégias específicas. Na leitura de um poema, por exemplo, além do tema, que é algo presente em qualquer texto, há recursos como o ritmo, as rimas, a sonoridade das palavras, que dão à linguagem desse tipo de texto uma conformação especial; as palavras costumam se revestir de significações não usuais, as combinações sintáticas costumam diferir das usadas na linguagem não literária. A leitura de um conto ou romance pressupõe muito mais do que conhecer a história narrada. Se *Dom Casmurro* fosse reduzido ao nível da história, o que ficaria da obra de Machado de Assis seria muito pouco. O romance vai muito além dos fatos relatados (dois vizinhos que se conhecem ainda jovens, casam-se, têm um filho, o marido suspeita de que a mulher o teria traído, o casal se separa). Mais que a história, interessa a forma como ela é narrada, o ponto de vista de quem a narra, as reflexões sobre os fatos narrados, aquilo que o romance não diz, mas sugere.

Os textos literários apresentam um grau de incompletude mais elevado que os informativos, o que exige certo esforço cognitivo do leitor para preencher lacunas. Embora os textos literários nos sejam apresentados como um todo, sua apreensão não se dá em sua fixação definitiva, mas por aquilo que o constitui: sua linguagem. Por isso, neste livro, focaliza-se a linguagem literária, que é uma forma de expressão especial, no sentido de que ela não é empregada apenas para nomear ou fazer referência a conceitos. Na produção de textos literários, há preocupação do autor com uma forma especial de utilizar a linguagem, e isso não é exclusividade de textos poéticos. Textos em prosa (romances, contos, novelas) também apresentam uma configuração especial, pois são organizados segundo alguns procedimentos discutidos neste livro. O conhecimento da linguagem e da arquitetura dos textos literários é fundamental para a construção de sentido por parte do leitor.

Este não é um livro de literatura no sentido tradicional. Nele, não se abordam escolas literárias (barroco, arcadismo, romantismo etc.), tampouco aspectos particulares de autores e de obras. A literatura se manifesta por meio de textos, por isso o foco é o texto literário e sua arquitetura, independentemente da época em que foi produzido, de quem seja seu autor ou a que estilo pertença; por isso as reflexões são feitas com base em obras efetivamente lidas, inclusive de autores literários não canônicos e estrangeiros, pois o objetivo não é formar especialistas em história da literatura ou crítica literária, mas contribuir para a formação de leitores capazes de compreender e apreciar textos literários.

Os conceitos teóricos apresentados têm por finalidade explicitar as características dos gêneros literários e as estratégias mobilizadas para a sua compreensão, pois o conhecimento teórico não só favorece a capacidade leitora, como também possibilita que se selecionem os procedimentos necessários para um planejamento de ensino de leitura literária adequado. Para atingir o objetivo proposto, utilizou-se uma linguagem direta, sem rodeios ou complicações, abordando o essencial de cada item estudado. Isso tudo para que o livro seja compreensível também para não especialistas em leitura literária. Sempre que possível, os conceitos trabalhados são exemplificados e são apresentadas atividades orientadas para serem trabalhadas com os estudantes.

O livro está estruturado em quatro capítulos, cada um correspondendo a um ponto essencial relativo ao tema. No primeiro, são apresentadas reflexões a respeito do que define uma obra como sendo literária. No segundo, discutem-se os conceitos de leitura e de texto, sempre na perspectiva do texto literário. O terceiro capítulo é dedicado ao estudo dos gêneros literários e o quarto discute a narrativa literária a partir de seus elementos constitutivos.

Com este livro, acredito estar contribuindo para que os colegas professores possam desenvolver um trabalho efetivo de educação literária junto a seus alunos, não só permitindo o desenvolvimento de sua capacidade leitora, mas também despertando o interesse pela leitura literária.

Nenhum dever é mais importante que a gratidão, por isso agradeço à professora Vanda Elias pela criteriosa leitura que fez do manuscrito e pelas valiosas sugestões apresentadas, ressalvando que qualquer erro é de responsabilidade exclusiva do autor.

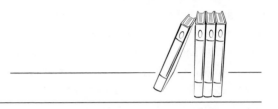

O que é literatura

O título deste livro é expresso por uma expressão nominal – *leitura do texto literário* –, em que *leitura* é o termo subordinante; *texto*, aqui entendido como texto verbal, é o objeto de *leitura*, e *literário* é o qualificativo restritivo de *texto*, vale dizer, as considerações aqui apresentadas aplicam-se particularmente ao texto constitutivo de obras definidas como literárias, seja qual for o gênero em que se manifestem (poesia lírica, poesia épica, conto, romance, novela etc.). Para a compreensão do tema, torna-se imperioso que se conceituem inicialmente os três nomes dessa expressão: *leitura, texto* e *literário*.

A conceituação de leitura e texto foi feita com base principalmente nos estudos da linguística textual. A conceituação do que é literário, como se verá, tem variado muito, até mesmo entre estudiosos do tema. Em linhas gerais, pode-se dizer que há duas perspectivas: uma imanentista ou ontológica, que postula que alguns textos caracterizam-se pela literariedade, ou seja, existiriam no texto propriedades que o permitiriam classificar como literário. Para os autores que se filiam a essa vertente, a linguagem literária é uma linguagem especial, que se afasta da chamada linguagem ordinária. Os formalistas e estruturalistas – correntes que aplicaram os estudos da linguística, particularmente a europeia, ao estudo dos textos literários – são exemplos dessa corrente. Numa outra vertente, que não se baseia no texto em si, ou seja, em seus aspectos imanentes, mas em critérios exteriores a ele (sociais, culturais, ideológicos e históricos), uma obra se configura literária quando é legitimada institucionalmente. Os conceitos de leitura e texto já foram discutidos em outros livros desta coleção e serão aqui retomados, dando a eles o viés literário.

Literatura e literariedade

Por que os romances de Machado de Assis são considerados literários e os de Paulo Coelho não? Muita gente já deve ter feito essa pergunta, às vezes apenas trocando o nome dos autores. Se já lhe fizeram essa pergunta, você sabe que a resposta não é tão simples de ser dada. Normalmente, para respondê-la vamos nos basear não nas obras que esses autores produziram, mas no que dizem sobre eles. Afinal, por mais leitores que nos consideremos, não lemos *todas* as obras de *todos* os autores considerados literários. Em minha tese de doutorado (Terra, 2012), a pesquisa realizada mostrou que os livros de literatura lidos pelos professores de Língua Portuguesa de ensino médio são, na maioria, aqueles que constam da relação de livros cobrados pelos vestibulares.

A escola e os livros ensinam que as obras de Machado de Assis, de José de Alencar e de Eça de Queirós pertencem à literatura; por isso são estudadas e cobradas em exames vestibulares. Há inclusive uma série de livros voltados especialmente para o comentário de obras que fazem parte de exames vestibulares. Por outro lado, obras de Paulo Coelho, traduzidas para diversas línguas e que já venderam milhões de exemplares em todo o mundo, não são consideradas literárias e, por isso, não são estudadas na escola nem cobradas em exames. Por que as obras de Machado de Assis, Carlos Drummond de Andrade, Clarice Lispector, Guimarães Rosa, Eça de Queirós, Fernando Pessoa, Shakespeare, Flaubert, Virgínia Woolf são consideradas literárias, ao passo que obras de Paulo Coelho, Agatha Christie, Júlio Verne, Conan Doyle, John Grisham, J. K. Rowling, J. R. R. Tolkien, que têm milhões de leitores no mundo todo, não são? Os PCNs de ensino médio levantam essa questão ao afirmarem que "o conceito de texto literário é discutível. Machado de Assis é literatura, Paulo Coelho não. Por quê? As explicações não fazem sentido para os alunos" (Brasil, 2000: 16).

Não são apenas os alunos que ficam confusos em classificar um texto como literário ou não. Se dependesse deles, com certeza, *Harry Potter* seria considerado literatura (e da boa!). Até mesmo entre especialistas, não há consenso em classificar certas obras como literárias. A trilogia *O senhor dos anéis*, de J. R. R. Tolkien, leitura espontânea de muitos de nossos alunos, tem suscitado comentários apaixonados e radicais tanto daqueles que não a consideram literatura quanto de outros para quem se trata de obra de alto valor literário. Para o crítico Edmund Wilson, a obra é uma "porcaria ininteligível", enquanto para o poeta W. H. Auden, *O senhor dos anéis* mereceria o *status* de obra-prima.

Para os alunos (e para muita gente), é difícil entender por que a obra poética de Vinicius de Moraes reunida em livros é considerada literária, mas suas letras de canções populares gravadas em disco não fazem parte da literatura. Hoje, ninguém põe em dúvida que a obra de Shakespeare é literária, inclusive aqueles que não leram as obras do poeta e dramaturgo inglês; no entanto, em sua época, esse autor britânico não teve sua obra reconhecida como literária. E o que dizer dos folhetos de cordel? Devem ser considerados ou não obras literárias?

Alguns especialistas cunharam o termo paraliteratura para designar as obras não pertencentes às formas canônicas de literatura, tais como os romances de aventura, policiais, autoajuda, *best-sellers*. Quanto a afastar os *best-sellers* da categoria literatura não haveria certo preconceito? *Best-seller*, como indica a própria palavra, é relativo àquilo que vende bem, que é sucesso de vendas; portanto, parte-se do pressuposto de que aquilo que a maioria compra não tem qualidade. Como explicar, então, as obras de José Saramago que ficaram semanas na lista dos mais vendidos? Saramago seria então subliteratura? Tomo por pressuposto que os textos só têm sentido graças a seus leitores, por isso julgo preconceituoso

Paraliteratura: Termo com que se designam todas as formas não canônicas de literatura (autoajuda, folhetins romanescos, literatura cor-de-rosa, romance *ultralight*, literatura de cordel, literatura oral e tradicional, banda desenhada, literatura marginal, pornográfica, policial e popular etc.) que em regra não são aceitas por certos eruditos, certas instituições acadêmicas ou certos meios de comunicação. A vantagem da designação *paraliteratura* (em vez de *infraliteratura*) reside no tom não depreciativo que o prefixo *para-* tem, uma vez que remete a tudo aquilo que fica à margem de e não necessariamente tudo aquilo que não entra na categoria de um *clássico*, por exemplo. Também não fica garantido que um gênero paraliterário não se torne numa dada época um gênero *maior* de literatura. Os gêneros principais (romance, textos de poesia e textos de teatro) não foram gêneros maiores em todas as épocas. O que permanece hoje é a ideia de que todo o texto que se refugie numa categoria não convencional é porque pertence a um gênero marginal de literatura a que convém então o nome de *paraliteratura*. O problema é que muitas vezes essa classificação resulta da aplicação arbitrária de um critério de qualidade que não corresponde inteiramente ao rigor de uma classificação científica. Um romance policial, por exemplo, pode ter grande qualidade, pode ser uma obra-prima e pode rivalizar com qualquer outro tipo de romance no que respeita ao domínio das mais apuradas técnicas literárias. Ora, daqui se infere que atribuir a todos os romances policiais a categoria de *paraliteratura* pode ser uma atitude redutora e ideologicamente reprovável.

CEIA, Carlos. *E-Dicionário de termos literários*. Disponível em: <http://www.edtl.com.pt/index.php?option=com_mtree&task=viewlink&link_id=350&Itemid=2>. Acesso em: 16 fev. 2013.

que se condenem as leituras que os alunos fazem de livros pertencentes à cultura de massa ou que sejam considerados não leitores aqueles que leem obras não canônicas, pois é por meio da leitura de tais obras que os alunos chegarão aos autores legitimados culturalmente e prestigiados pelo cânone escolar.

PARA SABER MAIS!

Sobre as leituras não prestigiadas, vale a pena refletir sobre as palavras de Rocher Chartier: "O problema não é tanto o de considerar como não leituras estas leituras selvagens que se ligam a objetos escritos de fraca legitimidade cultural, mas é o de tentar apoiar-se sobre essas práticas incontroladas e disseminadas para conduzir esses leitores, pela escola mas também sem dúvida por múltiplas outras vias, a encontrar outras leituras. É preciso utilizar aquilo que a norma escolar rejeita como um suporte para dar acesso à leitura na sua plenitude, isto é, ao encontro de textos densos e mais capazes de transformar a visão do mundo, as maneiras de sentir e pensar" (1998: 104).

Paes (2001) comenta que, nesse tipo de literatura, geralmente considerada *kitsch*, vigoram gêneros que "determinam por antecipação algumas características principais das obras literárias, ao mesmo tempo que condicionam as expectativas dos futuros leitores delas".

Há também uma tendência em não se atribuir valor literário a produções orais. A palavra *literatura* provém de *littera*, que significa letra, o que revela que historicamente sempre se associou a literatura à representação por escrito do signo verbal, como se a literatura fosse uma manifestação artística que se dá exclusivamente na forma escrita. Se o critério para definir o literário tiver como fundamento o registro por letras, os poemas homéricos *Ilíada* e *Odisseia* não poderiam ser considerados literários, pois circularam oralmente antes de serem compilados por escrito. Os contos recolhidos pelos irmãos Grimm, expoentes da literatura maravilhosa, circularam oralmente antes de os irmãos germânicos os terem transposto para a forma escrita. A obra-prima *Fausto* tem suas raízes no teatro de marionetes a que Göethe assistia em sua infância. Leia o texto a seguir.

A viagem

– Como foi de segunda lua de mel?
– Quer mesmo saber?
A viagem desde o início arruinada pela companhia sabe de quem.
Rabiscava as iniciais em toda sagrada coluna de templo grego.
Murchou a delícia do mais carnoso figo siciliano.
Converteu o vinho francês da melhor safra em vinagrão azedo.
E o pior é que, sempre juntos, nem podia rezar que o avião dele caísse.

Numa primeira leitura e sem maiores indicações que permitam contextualizá-lo, não seria de estranhar se alguém tivesse dúvida em classificar esse texto como literário. Há um narrador que se dirige a um interlocutor, relatando a decepção de sua viagem de segunda lua de mel. Isso, como se sabe, por si só, não é suficiente para determinar a literariedade do texto, entendendo-se por literariedade aquilo que faz de determinada obra literatura. E mais: considerando os gêneros literários tradicionais (romance, conto, poema etc.), também não é simples classificá-lo como literatura. Não é um romance, porque é curto demais; não é poema, porque não está escrito em versos. Seria um conto?

Seguem algumas informações que permitem contextualizar o texto. Seu autor é o conhecido *contista* brasileiro Dalton Trevisan, vencedor em 2012 do Prêmio Camões, o mais importante prêmio de literatura em língua portuguesa. O texto que você leu é um *conto* incluído no livro *O anão e a ninfeta*, classificado em primeiro lugar na categoria contos e crônicas da 10ª edição do Prêmio Portugal Telecom.

De posse dessas informações, outra leitura do texto poderia levar à conclusão de que se trata efetivamente de um texto literário. Isso comprova que a questão de um texto ser ou não literário vai além de aspectos imanentes, envolvendo fatores contextuais que interferem não só em sua compreensão, mas também em sua avaliação.

O gênero também não é critério suficiente para determinar que um texto seja literário. Há romances que não são reconhecidos como literatura, basta lembrar do já citado Paulo Coelho. Quando um adolescente apaixonado escreve em seu caderno um poema, essa produção, por melhor que seja, não é considerada literária. E que dizer de um gênero como a crônica? Os próprios estudiosos não são unânimes em classificar a crônica como literatura. Carlos Reis e Ana Cristina M. Lopes, em seu *Dicionário de narratologia*, ao referirem-se a esse gênero, afirmam que se trata "de um tipo de narrativa de definição algo problemática, a começar pelo fato de não se constituir um gênero estritamente literário [...]".

O fato de um texto estar escrito em versos, por si só, também não é elemento legitimador para classificá-lo como literário, basta tomar como exemplos as cantigas de roda, cirandas, trovas, letras de música. Aristóteles, em sua *Poética*, já afirmava que o fato de uma composição ser metrificada não é suficiente para qualificá-la como poesia, tampouco seu autor como poeta. Classificar um texto como literário pelo seu caráter ficcional também é problemático. As palavras *ficcional* e *ficção* estão ligadas ao radical latino *fing-*, que aparece em *fingir, fingimento*, e um de seus sentidos é *aquilo que é inventado, imaginado*. Não é sem razão que Fernando Pessoa, referindo-se ao fazer poético, afirma que "O poeta é um fingidor / Finge tão completamente / Que chega a fingir que é dor / A dor que deveras sente". Para Pessoa, a dor real ("a dor que deveras sente"), pelo fazer poético, ou seja, pela ficção, se transforma em dor fingida.

A ficcionalidade de um texto deve ser observada do ponto de vista pragmático e não linguístico, vale dizer, não há uma propriedade no texto em si que o caracterize como ficcional, pois isso está ligado à intencionalidade, ou seja, àquilo que o autor visa realizar. O que caracteriza o texto como ficcional decorre de sua força ilocucionária, isto é, da intenção do autor de produzir uma obra de ficção. É claro que é necessário que o leitor aceite esse jogo e compartilhe com o autor a ficcionalidade, não agindo como um Dom Quixote, que processava como real o que só existia no universo da ficção. Em suma: a ficcionalidade está ligada ao princípio da cooperação, pois depende de um pacto entre produtor e leitor.

Com base na teoria dos atos de fala do filósofo inglês John L. Austin, pode-se afirmar que os enunciados das obras literárias têm caráter performativo. Austin, conforme exposto em seu livro *How to do things with words* (Como fazer coisas com palavras), publicado em 1962, enuncia a hipótese de que dizer é também fazer, no sentido de que se tenta, pela linguagem, agir no comportamento do interlocutor.

Para se entender o conceito de atos de fala, é preciso perceber que a linguagem pode ser usada não só para narrar ou descrever algo, mas também para realizar algo. Certas expressões em determinados jogos, como *truco, passo, bati, xeque, dobro* etc. não são usadas para descrever ou narrar o jogo, mas para expressar as ações que os jogadores realizam durante a partida, tanto que, ao pronunciá-las, altera-se o *status* do jogo; portanto, deve-se distinguir entre os atos de linguagem aqueles que são usados para narrar ou descrever as ações e aqueles que são usados para realizar ações. Um enunciado como *Pedro jurou dizer a verdade* relata um fato; no entanto, em *Juro dizer a verdade*, não há um simples relato de um fato, mas a realização do próprio ato de jurar.

Para Austin (1990), os atos de fala se apresentam em níveis diferentes, daí distinguir ato locucionário, ato ilocucionário e ato perlocucionário. São locucionários os atos de fala por meio dos quais transmitimos uma determinada informação. Atos ilocucionários são aqueles nos quais atribuímos a uma proposição uma certa força (chamada força ilocucional): *de ordem, de pergunta, de aviso, de promessa, de juramento* etc. A força ilocucionária comumente é expressa por meio de verbos que denominamos performativos (*jurar, prometer, condenar, batizar, apostar* etc.). Por meio deles, estabelecem-se relações semânticas e pragmáticas entre texto e contexto. Atos perlocucionários são aqueles destinados a exercer certos efeitos no interlocutor, ou seja, são os resultados que pretendemos alcançar: *assustar, convencer, agradar, aterrorizar, intimidar, caluniar, ofender* etc. Na leitura de um texto literário, não se deve ficar restrito ao que sua linguagem diz, mas ficar atento também ao que ela faz, ou seja, à sua força ilocucionária, na medida em que a linguagem literária cria um estado de coisas *ex nihilo*.

No início do romance *A peste*, de Albert Camus, há o seguinte enunciado: "Na manhã do dia 16 de abril, o doutor Bernard Rieux saiu do consultório e tropeçou num rato morto no meio do patamar." Esse enunciado não se refere a nada anterior a ele. É a partir dele que se criam não só uma personagem, mas também todo um contexto que a envolve. Para o leitor, nada existia antes daquela manhã de 16 de abril, nem Rieux, nem o consultório, nem o rato. É devido ao caráter performativo da linguagem que o mundo de *A peste* foi criado.

Acrescente-se ainda que o discurso ficcional não possui um referente no mundo físico, suas referências devem ser buscadas no próprio discurso literário, dado seu caráter autorreferencial. Isso significa que não se deve indagar das condições de verdade de um enunciado ficcional. Quando na novela *A metamorfose*, de Franz Kafka, lê-se que o caixeiro-viajante Gregor Samsa se viu transformado numa enorme barata, não se pergunta se isso é verdadeiro ou falso, mas simplesmente se aceita esse fato, uma vez que as obras ficcionais têm sentido, mas não têm um referente no mundo físico. Como, nas obras de ficção, não há que se falar em mentira ou verdade, pode-se afirmar que as "mentiras" contadas por elas parecem verdades, ou seja, as obras ficcionais devem se caracterizar pela verossimilhança.

O seguinte trecho do *Dom Quixote*, de Cervantes, deixa isso claro.

> **Verossimilhança**, em sentido amplo, significa semelhante à verdade. Diz-se que uma obra é verossímil quando ela parece não contrariar a verdade, quando o que é narrado é plausível.

> [...] os autores desses livros os escrevem como quem conta mentiras e que, assim, não estão obrigados a se ater a escrúpulos nem verdade, eu responderia que a mentira é muito melhor quanto mais parece verdadeira e agrada muito mais quanto mais tem de ambíguo e possível. As histórias mentirosas devem casar com a inteligência dos que as lerem: tem-se de escrevê-las de forma que, tornando crível o impossível, nivelando os exageros, cativando as almas, surpreendam, encantem, entusiasmem e divirtam, de modo que andem juntas num mesmo passo a alegria e a admiração. E não poderá fazer todas essas coisas quem fugir da verossimilhança e da imitação, porque a perfeição do que se escreve reside nelas.
>
> CERVANTES, Miguel de. *Dom Quixote de La Mancha*. São Paulo: Penguin Classics/Companhia das Letras, 2012, v. 1, pp. 580-581.

Cervantes ressalta o caráter ficcional da obra literária, o que ele chama de "histórias mentirosas" é o que se denomina narrativas de ficção ("escrevem como quem conta mentiras e, assim, não estão obrigados a se ater a escrúpulos nem verdade"). Embora não contenha fatos verídicos (isso cabe à história, e não à literatura), a mentira deve parecer verdadeira ("a mentira é muito melhor quanto mais parece verdadeira"), ou seja, deve haver coerência ("As histórias mentirosas devem casar com a inteligência dos que as lerem: tem-se de escrevê-las de forma que, tornando crível o impossível [...]"). O que Cervantes põe em evidência são dois princípios aristotélicos para a obra de arte: mímesis, entendida como imitação das ações humanas, e verossimilhança, isto é, embora seja uma ficção porque não é real, mas imita o real, a obra deve parecer ao leitor verdadeira.

Romances baratos vendidos em bancas de jornal como os das séries *Sabrina, Júlia* e *Bianca* são obras ficcionais e verossímeis, no entanto não são consideradas literatura. Por outro lado, os *Sermões*, do padre Vieira, e as *Cartas portuguesas*, de Mariana de Alcoforado, não são obras de ficção, mas fazem parte do currículo de literatura nas escolas. Há ainda determinados textos que são enquadrados como ficcionais por uns e para outros não se trata de obra de ficção, como alguns relatos que constam da Bíblia Sagrada. Nesse caso, são as concepções ideológicas do leitor frente ao texto que o levarão a lê-lo como um acontecimento real ou como uma obra de ficção. Uma corrente surgida na Alemanha no século passado, a Estética da Recepção, cujo interesse cognitivo face ao texto literário não está no autor nem no texto em si, mas no leitor, postula que a literariedade de um texto decorre do processamento que o leitor dá a ele. Não há como discordar; pois, se o sentido de um texto é uma construção do leitor, *a fortiori* a literariedade também o será.

Outro critério adotado para classificar o texto como literário é a completude, isto é, o fato de a obra (poema, conto, romance, novela etc.) apresentar-se inteira, acabada, como fruto de um ato individual de criação. Com a internet, esse critério, que considera o produto (a obra) e não o processo (o fazer literário), parece vir por terra, uma vez que podemos ter um texto literário (na verdade um hipertexto) que não se apresenta para o leitor como acabado, na medida em que leitores poderão intervir no texto, dando continuidade a ele, por exemplo. De obra individual, o texto passa a ter autoria coletiva; de obra acabada (produto), transforma-se em obra aberta (processo). Isso não ocorre apenas com textos produzidos pela internet, o romance *O jogo da amarelinha*, de Julio Cortázar, está estruturado como um labirinto literário que admite várias leituras, sendo que em uma delas o leitor jamais terminaria de ler o livro.

Dizer que a diferença entre um texto literário e um não literário é que o primeiro pertence ao domínio da arte e o segundo não é cair em um círculo vicioso e não resolver o problema, pois definir uma obra como arte é tão ou mais problemático que definir um texto como literatura. Tanto arte quanto literatura são conceitos abertos, isto é, trata-se de conceitos que não podem ser definidos por um conjunto fechado de propriedades necessárias e suficientes. Dizer que arte é o que manifesta o sentimento do belo também parece não resolver o problema.

O belo é um conceito absoluto ou depende do juízo de cada um? As obras de Andy Warhol, como as reproduções de latas de sopa *Campbell*, têm o estatuto de arte? *A fonte*, de Marcel Duchamp, um mictório branco de porcelana, exposto de maneira invertida, deve ser considerada uma manifestação artística? O lugar em que essa peça se encontra exposta a caracteriza como arte? Se fosse encontrada em um depósito de lixo seria considerada arte? Dizer que a literatura está ligada à estética também pouco resolve.

A palavra estética provém do grego (*aisthesis*), que significa sentir, o que equivale a dizer que a estética não está no objeto, mas na sensação percebida pelo sujeito (volta-se, portanto, ao que postula a Estética da Recepção). Assim sendo, um leitor pode vir a ler *A divina comédia*, considerada um dos mais belos poemas da literatura ocidental, e não sentir prazer estético algum. Não são muitos os leitores que sentem prazer estético ao ler o *Ulisses*, de Joyce, ou as obras de Faulkner, tanto que são vários os que começam a lê-las e abandonam a leitura sem concluí-la, por considerá-las de difícil processamento. Dizer também que a literatura se configura por uma linguagem que se afasta da norma nos leva a outro problema: qual norma? A do português atual? Do século XIX? Do século XVII?

Como explicar, então, que uma das maiores obras da literatura ocidental, *A divina comédia*, foi escrita em linguagem popular, que depois foi elevada à categoria de linguagem literária e língua nacional? Dada a natureza deste livro, uma obra essencialmente didática e voltada ao texto literário, não cabe aqui uma resposta objetiva a essas questões. Elas ficam apenas como sugestão para reflexão, a fim de que se busque uma resposta a uma questão mais ampla: que é a arte, afinal?

Alguns estudiosos têm proposto que a arte não busca apenas o belo, que se materializa em formas para serem apreendidas não só pelos sentidos, mas que a arte deve levar à emoção e à reflexão. Para Aristóteles, a arte deve provocar a catarse, ou seja, a liberação do emocional, a purificação. Ocorre que muitos filmes "água com açúcar" e romances populares mexem com a emoção de milhares de pessoas, nem por isso são classificados como obras de arte. Nada mais excita a reflexão do que um tratado filosófico, nem por isso as obras de Kant, Schopenhauer, Nietzsche e Heidegger são classificadas como artísticas.

Face à dificuldade em conceituar o que é arte, os estudiosos têm proposto a pergunta: *O que se entende por arte nos dias de hoje?* Uma das respostas é que a arte deve apresentar três características essenciais: a) não ter valor utilitário, b) dizer alguma coisa e c) ter seu valor reconhecido. Outros insistem em que não se deve confundir a obra de arte com o suporte, local físico ou virtual, em que ela se materializa; assim, um soneto camoniano seria considerado arte seja veiculado em papel, num blog, numa página de relacionamentos, estampado em uma camiseta, exposto oralmente, ou até mesmo como salva-tela de um computador. Quanto ao fato de a arte não ter caráter utilitário, há para nós, professores, uma implicação séria: quando um texto literário é levado para a sala de aula para que sejam estudadas sua linguagem, as figuras que apresenta, as características do autor e do período a que pertence etc., ele deixa de ser um objeto de arte?

Se se toma por referência as teorias que postulam que o que caracteriza a arte é o fruir e não o usar, a tendência é considerar que a abordagem escolarizada do texto afasta-o de seu caráter literário, na medida em que ele deixa de ser objeto de fruição para desempenhar funções de natureza pragmática (o texto passa a ser objeto de uso), por isso entendo que a escola deve promover atividades livres de leitura literária, ou seja, que não haja cobrança nem imposições de qualquer espécie para essas atividades. Os PCNs são claros nesse sentido, ao afirmarem que "o gostar ou não de determinada obra de arte ou de um autor exige antes um preparo para o aprender a gostar. Conhecer e analisar as perspectivas autorizadas seria um começo para a construção das escolhas individuais" (Brasil, 2000: 9).

A leitura literária deve ser desinteressada, ou seja, deve ser marcada por uma atitude cognitiva não só de compreensão do texto, mas também de busca de prazer estético, que é sentido concomitantemente ao momento da própria leitura.

Pelo exposto, pode-se concluir que o conceito de literário não é absoluto, variando de época para época, de cultura para cultura, de pessoa para pessoa. Em outros termos, o conceito de literário não é só ontológico, mas é também funcional. O que faz com que um texto seja considerado literário não são aspectos apenas imanentes, mas também fatores institucionais, por isso se considera literário aquilo que é legitimado e proclamado como tal pela crítica, pela universidade, pelos intelectuais, pela escola. Como o conceito de literário varia de época para época e de sociedade para sociedade, o que é hoje legitimado como literário não significa que sempre tenha sido assim. Autores como Edgar Allan Poe, Flaubert e Balzac, hoje expoentes da literatura ocidental, tiveram, cada um em sua época, sua obra depreciada e não reconhecida como literária.

Hoje, o romance tem o *status* de gênero literário, mas quando surgiu não foi acatado como tal, sendo considerado um gênero menor em relação à poesia épica e à lírica. Quando

Philip Roth, lançou seu livro *O complexo de Portnoy*, em 1969, sua obra não foi julgada pelos críticos como literatura séria e o público, por sua vez, se sentiu chocado dado seu conteúdo erótico. Hoje, *O complexo de Portnoy* é reconhecido pela crítica literária como a mais importante obra de Philip Roth. O que dirão da obra *Cinquenta tons de cinza* daqui a alguns anos? Cairá no esquecimento por ter sido uma moda passageira? Será legitimada como literária? De outro ponto de vista, pode-se dizer que, sendo a leitura um processo interativo, um texto legitimado como literário pode não ser processado como tal pelo leitor, uma vez que a literariedade, assim como o sentido, não está no texto, mas na maneira como o leitor o lê. Terry Eagleton, em sua obra *Teoria da literatura: uma introdução*, afirma que "a definição de literatura fica dependendo da maneira pela qual alguém resolve *ler*, e não da natureza do que é lido" (2006: 12).

Um leitor pode ver num livro de Paulo Coelho uma obra de literatura ficcional; outro pode fazer uma leitura pragmática da obra, encarando-a como um guia de conduta; um terceiro, como uma revelação mística. Isso leva a uma outra consideração: afirma-se que a característica do texto literário é o seu não pragmatismo, ou seja, a leitura literária deve obedecer ao império da fruição. Se assim for, quando um estudante lê uma obra considerada literária para efeitos de ser aprovado em um exame, ela deixa de ser literária? Talvez isso explique de certa forma por que na escola há alunos que são avessos à leitura literária. Numa leitura feita por dever ou imposição pode-se obter fruição estética?

Embora se use a expressão *gêneros literários*, deve-se observar que a literariedade não é imanente ao gênero. Como se verá ainda neste livro, o romance, o conto, a novela, o poema são considerados gêneros literários. Mas isso não quer dizer que todo romance seja considerado literário (vide os da série *Sabrina*). Se há consenso em considerar *Dom Casmurro* obra literária, *O alquimista*, de Paulo Coelho, apesar de ser um romance, não é reconhecido como literário pela maioria da crítica. As comédias de Molière são consideradas literárias, mas o mesmo não ocorre com a comédia *Trair e coçar é só começar*, de Marcos Caruso, que chegou a entrar para o *Livro dos recordes*, por ser a peça de teatro nacional que ficou mais tempo ininterruptamente em cartaz.

Sendo a escola uma das fontes legitimadoras do que é literatura, nela só circulam, evidentemente, os textos literários por ela legitimados. Isso explica por que na escola se leem Machado de Assis, Castro Alves, Gregório de Matos, José de Alencar, entre outros, e não Paulo Coelho e Jô Soares, escritores de livros de alta vendagem. Por outro lado, como a escola se detém naqueles autores canônicos, muito da boa produção literária contemporânea não é levada para a sala de aula, dificultando o acesso a obras de autores como Milton Hatoum, Patrícia Melo, Lourenço Mutarelli, Marçal Aquino, José Luiz Passos, Bernardo Carvalho, Cristovão Tezza, Luiz Ruffato, Michel Laub, Mia Couto, Valter Hugo Mãe, Augustina Bessa Luis, Ondjaki, só para ficar em autores de língua portuguesa.

Acrescente-se ainda que, como o ensino de literatura na escola privilegia a história da literatura, destacando os chamados estilos de época (Barroco, Arcadismo, Romantismo etc.), o professor sente-se inseguro ao tratar desses autores, por não conseguir encaixá-los em nenhuma das "correntes literárias" estudadas no tradicional modo histórico-cultural de abordar a literatura. É evidente que o aspecto histórico-cultural é relevante, mas ele não pode sobrepujar o texto literário. O que se propõe aqui é que o objeto de conhecimento seja o texto literário, um produto cultural, que é o *locus* em que se manifesta a interação autor/leitor.

O sentido dos textos não é algo prévio e não está no texto, mas é construído pelo leitor num processo interacional. A partir do texto, o leitor constrói um contexto que lhe permite processá-lo como coerente, por isso não tem razão de ser um ensino que parta do contexto para "explicar" o texto, ou que se apresente previamente o "sentido" do texto literário, colocando o texto como um exemplo de como o autor A da escola B trata o tema C. Acrescente-se ainda que o contexto da obra literária não se restringe ao contexto histórico em que foi produzida. Hoje, dentro dos estudos da linguística textual, o contexto abrange tanto o cotexto, como o entorno sociocultural (contexto mediato), a situação de interação (contexto imediato) e o contexto sociocognitivo dos interlocutores, que engloba os demais. Do ponto de vista linguístico, um texto literário não se caracteriza apenas pela presença de figuras retóricas, daí não ter sentido uma abordagem reducionista que procura caracterizar o texto literário pela presença de figuras. A proposta aqui apresentada é que se deixe de lado um ensino centrado no aprendizado *sobre a literatura* para se adotar um ensino voltado para a aprendizagem *da literatura*, o que só pode ocorrer se o objeto de conhecimento deixar de ser a história e passar a ser o texto literário.

> O termo cotexto é usado para designar o entorno verbal (contexto verbal), ou seja, os elementos linguísticos presentes no texto que possibilitam a interpretação de uma palavra ou frase. Por exemplo, o sentido de um pronome normalmente é dado pelo cotexto, já que esse tipo de palavra se refere a uma expressão linguística que a precede ou sucede.

A leitura dos textos literários na escola deve partir do texto para o entorno e não o contrário, pois os próprios textos ensinam a ler. Caso se tivesse de conhecer o contexto histórico em que a obra foi produzida como pré-requisito para compreendê-la, não se conseguiria, por exemplo, fazer uma leitura proficiente das histórias narradas no *Livro das mil e uma noites*, já que foram produzidas por autores que não se podem identificar, em épocas e locais distintos. O mesmo se pode dizer dos contos maravilhosos, cujos autores e época em que foram produzidos são desconhecidos; no entanto, uma criança é capaz de dar sentido a eles.

A escola, particularmente a pública, recebe hoje alunos de todos os segmentos sociais, o que torna o perfil de nossos estudantes bastante heterogêneo. O consumo cultural dos alunos de hoje é diferente do de gerações anteriores, por isso é preciso repensar esse modo de tratar a leitura literária na escola, e um dos caminhos consiste em colocar os estudantes em contato com obras não canônicas, inclusive de autores estrangeiros. Referindo-se ao critério usado pelos estudantes para distinguir o literário do não literário, os PCNs relatam o que segue.

> Solicitamos que alunos separassem de um bloco de textos, que iam desde poemas de Pessoa e Drummond até contas de telefone e cartas de banco, textos literários e não literários, de acordo como são definidos. Um dos grupos não fez qualquer separação. Questionados, os alunos responderam: "Todos são não literários, porque servem apenas para fazer exercícios na escola." E Drummond? Responderam: "Drummond é literato, porque vocês afirmam que é, eu não concordo. Acho ele um chato. Por que Zé Ramalho não é literatura? Ambos são poetas, não é verdade?" (Brasil, 2000: 16)

Como todo texto, a obra literária pressupõe a interação entre um produtor e um leitor ou ouvinte que constrói o sentido do texto e atribui a ele um valor. Como a leitura é um ato individual, o valor que cada leitor/ouvinte atribui à obra é variável. Isso explica por que hoje há quem aprecie as obras de Paulo Coelho e os romances com a personagem Harry Potter e não goste de Joaquim Manuel de Macedo e de José de Alencar, que no século XIX tinham suas obras avidamente consumidas por um público fiel.

Como se pode observar, o gosto literário não muda só de pessoa para pessoa, mas também se altera de época para época. Fazendo um paralelo com o chamado gosto musical, pode-se observar que as músicas consideradas boas pelos nossos avós, eram diferentes das que nossos pais gostavam, e que não são necessariamente as mesmas de que nós gostamos. Claro, há algumas músicas que são apreciadas independentemente da idade das pessoas. O mesmo ocorre com certas obras literárias, denominadas clássicos da literatura. São obras que, independentemente da época e cultura em que foram produzidas, ainda são capazes de sensibilizar os leitores. *Romeu e Julieta*, de Shakespeare, escrita há mais de 400 anos, ainda hoje é lida e representada, atraindo um público bastante variado. *Romeu e Julieta* faz parte de uma lista em que estão, entre outras, obras como *Odisseia, Ilíada, Édipo rei, A divina comédia, Dom Quixote, Robinson Crusoé, Hamlet, Viagens de Gulliver, Fausto, Alice no País das Maravilhas, Moby Dick.*

A grandeza de certas obras clássicas pode ser observada pelo fato de que elas fazem parte da memória cultural das pessoas, mesmo que não as tenham lido. A tragédia de Romeu e Julieta, a luta de Dom Quixote contra os moinhos de vento, por exemplo, fazem parte da memória cultural das pessoas. Sobre a obra de Cervantes, o escritor argentino Jorge Luis Borges chegou a afirmar que "poderiam perder-se todos os exemplares do Quixote, em castelhano e nas traduções; poderiam perder-se todos, mas a figura de Dom Quixote já é parte da memória da humanidade".

Para ilustrar o exposto, segue agora um trecho de uma obra, cujo nome e autor omitimos intencionalmente.

> O planalto central do Brasil desce, nos litorais do Sul, em escarpas inteiriças, altas e abruptas. Assoberba os mares; e desata-se em chapadões nivelados pelos visos das cordilheiras marítimas, distendidas do Rio Grande a Minas. Mas ao derivar para as terras setentrionais diminui gradualmente de altitude, ao mesmo tempo que descamba para a costa oriental em andares, ou repetidos socalcos, que o despem da primitiva grandeza afastando-o consideravelmente para o interior.
>
> De sorte que quem o contorna, seguindo para o norte, observa notáveis mudanças de relevos: a princípio o traço contínuo e dominante das montanhas, precintando-o, com destaque saliente, sobre a linha projetante das praias, depois,

no segmento de orla marítima entre o Rio de Janeiro e o Espírito Santo, um aparelho litoral revolto, feito da envergadura desarticulada das serras, riçado de cumeadas e corroído de angras, e escancelando-se em baías, e repartindo-se em ilhas, e desagregando-se em recifes desnudos, à maneira de escombros do conflito secular que ali se trava entre os mares e a terra; em seguida, transposto o 15º paralelo, a atenuação de todos os acidentes – serranias que se arredondam e suavizam as linhas dos taludes, fracionadas em morros de encostas indistintas no horizonte que se amplia; até que em plena faixa costeira da Bahia, o olhar, livre dos anteparos de serras que até lá o repulsam e abreviam, se dilata em cheio para o ocidente, mergulhando no âmago da terra amplíssima lentamente emergindo num ondear longínquo de chapadas...

Trata-se de texto não ficcional, com predominância de sequências descritivas. A partir da seleção lexical (*planalto, escarpas, chapadões, cordilheiras, relevos, montanhas, angras, baías, ilhas, recifes, serranias...*), um possível leitor não hesitaria em dizer que a área de saber em que se encaixa é a geografia física (trata-se de uma descrição do planalto central brasileiro). Levando em conta apenas o que o texto veicula, dificilmente o colocaria na esfera do literário.

Acrescento agora uma informação relevante para os leitores que não conheciam o texto com a qual poderão contextualizá-lo: o trecho lido faz parte da obra *Os sertões*, de Euclides da Cunha. De posse dessa informação, muitos leitores poderão afirmar que, sem dúvida alguma, trata-se de um texto literário. Para essa classificação, valeram-se não de algo imanente ao texto, como a linguagem e o tema, mas de um saber externo a ele: o fato de essa obra de Euclides da Cunha ser considerada literária. Afinal, essa informação é legitimada institucionalmente por várias instâncias (a escola, a universidade, a crítica literária, os manuais de literatura...).

O que se falou a respeito desse texto corrobora o já exposto: o conceito de obra literária não é absoluto, uma vez que não se baseia apenas em critérios imanentes ao texto. Embora, dada a natureza deste livro, tenha sido reproduzido apenas um trecho da obra de Euclides da Cunha, a leitura integral do livro continuaria a exemplificar que o critério de literário não é definido somente por critérios textuais ou temáticos. Como se sabe, *Os sertões* não são obra ficcional e narram um fato ocorrido e registrado na História do Brasil, a Guerra de Canudos. Antônio Conselheiro, Beatinho, Moreira César e tantos outros que aparecem na obra de Euclides da Cunha não são personagens de ficção, mas seres que tiveram existência real. *Os sertões* são uma obra histórica, amparada em fatos empiricamente dados como verdadeiros, que se divide em três partes: "A terra", cuja temática é relativa à geografia física; "O homem", um estudo de natureza sociológica e antropológica; "A luta", um relato jornalístico, próximo a uma crônica histórica.

Quanto ao gênero, também não é de fácil classificação. Não se trata de um romance, conto, novela, poema, ou seja, se o critério para a classificação fosse o genérico, não se teria como chamar *Os sertões* de obra literária. Os que defendem a classificação de *Os sertões* como literatura baseiam-se em critérios estilísticos, vale dizer, o modo como Euclides da Cunha utiliza o material linguístico, léxico e sintaxe, criando uma forma particular de se expressar, que se afastaria do simples relato jornalístico. Para os críticos, essa supervalorização do significante faz com que a obra de Euclides da Cunha preserve até hoje seu interesse e seja caracterizada como literária.

O trecho a seguir demonstra como Euclides da Cunha trabalha o componente linguístico, dando-lhe uma conformação especial.

> Fechemos este livro.
> Canudos não se rendeu. Exemplo único em toda a História, resistiu até ao esgotamento completo. Expugnado palmo a palmo, na precisão integral do termo, caiu no dia 5, ao entardecer, quando caíram os seus últimos defensores, que todos morreram. Eram quatro apenas: um velho, dois homens feitos e uma criança, na frente dos quais rugiam raivosamente cinco mil soldados.
>
> CUNHA, Euclides. Os sertões. 39. ed. Rio de Janeiro: Francisco Alves, 2000, p. 514.

O trecho lido mostra que Euclides da Cunha não faz um retrato frio e objetivo do fim de Canudos como seria comum num relato jornalístico, pelo contrário utiliza a linguagem para sensibilizar o leitor quanto ao fim trágico do arraial, destacando a violência oficial ("rugiam raivosamente cinco mil soldados") contra uma população indefesa ("um velho, dois homens feitos e uma criança"), mas heroica ("Canudos não se rendeu [...] resistiu até ao esgotamento completo"). Euclides cria uma imagem forte, que destaca o desequilíbrio de forças entre os combatentes, ao opor quatro pessoas a cinco mil soldados, que são predicados como desumanos e coléricos. Observe-se ainda que rugir é verbo normalmente empregado a feras (leões e tigres).

O que se falou sobre a obra de Euclides da Cunha aplica-se de modo semelhante à obra do padre Antônio Vieira, cujos sermões são estudados em aulas de literatura. O sermão, sob o ponto de vista do gênero, não se classifica como literário, também não se enquadra como obra ficcional. No entanto, os *Sermões* de Vieira, peças de oratória, são classificados como literários em decorrência do manejo especial da língua, em particular pela forma da exposição e pelo uso das denominadas figuras de retórica.

O gênero textual denominado memórias é relato feito por alguém a partir de acontecimentos de que participou; embora costume exprimir uma visão subjetiva dos acontecimentos vividos, não tem caráter ficcional. No entanto, diversas obras de memórias são consideradas literárias em decorrência de seu estilo. Os seis volumes das memórias do escritor mineiro Pedro Nava (*Baú de ossos, Balão cativo, Chão de ferro, Beira mar, Galo das trevas, Círio perfeito*) são reconhecidos como de grande expressão literária pela crítica. Antonio Candido afirma que o memorialista mineiro é um dos grandes escritores brasileiros, colocando-o na companhia de Carlos Drummond de Andrade e Murilo Mendes.

O trecho a seguir pertence ao primeiro volume (*Baú de ossos*) das memórias de Pedro Nava, em que o memorialista fala da batida, uma espécie de rapadura do Ceará, que era feita por sua avó.

> Se a batida do Ceará é uma rapadura diferente, a batida de minha avó Nanoca é para mim coisa à parte e funciona no meu sistema de paladar e evocação, talqualmente a *madeleine* da *tante* Leonie. Cheiro de mato, ar de chuva, ranger de porta, farfalhar de galhos ao vento noturno, chiar de resina na lenha dos fogões, gosto d'água na moringa nova – todos têm sua *madeleine*. Só que ninguém a tinha explicado como Proust – desarmando implacavelmente, peça por peça, a mecânica lancinante desse processo mental. Posso comer qualquer doce, na simplicidade do ato e de espírito imóvel. A batida, não. A batida é viagem no tempo. Libro-me na sua forma, no seu cheiro, no seu sabor. Apresentam-se como pequenas pirâmides truncadas, mais compridas do que largas, lisas na parte de cima, que veio polida das paredes da fôrma, e mais áspera na de baixo, que esteve invertida e secando ao ar, protegida por palha de milho. Parecem lingotes da mina de Morro Velho, só que o seu ouro é menos mineral, mais orgânico e assemelha-se ao fosco quente de um braço moreno. Seu cheiro é intenso e expansivo, duma doçura penetrante, viva como um hálito e não se separa do gosto untuoso que difere do de todos os açúcares, ora meio

> seco, ora melando – dominando todo o sentido da língua e ampliando-se pela garganta, ao nariz, para reassumir qualidade odorante, e aos ouvidos, para transformar-se em impressão melódica. Para mim, roçar os dentes num pedaço de batida é como esfregar a lâmpada de Aladim – abrir os batentes do maravilhoso.
>
> NAVA, Pedro. *Baú de ossos*. 11. ed. Cotia: Ateliê; São Paulo: Giordano, 2005, pp. 26-27.

O texto de Nava é uma sequência descritiva dentro de um gênero narrativo (memórias). O narrador, nesse caso, é o próprio autor, não se trata, pois, de texto ficcional. Apesar disso, o narrador não se limita a transmitir para o leitor uma descrição fria e objetiva do doce; pelo contrário a descrição é forma de trazer à memória as lembranças ("funciona no meu sistema de paladar e evocação").

Por meio da linguagem as sensações e lembranças passadas se presentificam. O memorialista nos dá a pista ao fazer uma relação intertextual com a obra literária que mais trabalhou a redescoberta do tempo pela memória. Se para o narrador de *Em busca do tempo perdido*, de Proust, foram as *madeleines* de tia Leonie que lhe permitiram mergulhar no passado; para o narrador de *Baú de ossos*, foram as batidas da avó Nanoca ("A batida é viagem no tempo"). Assim, como em Proust, a descrição do doce se faz por um processo de desmontagem peça a peça. Mas o que se desmonta? Não só o doce, mas a própria memória.

A descrição não se atém ao gustativo; pelo contrário, a organização textual se faz pela referência a outras sensações evocadas pelo doce: visuais ("pequenas pirâmides truncadas, mais compridas do que largas"); táteis ("lisas na parte de cima [...] e mais áspera na de baixo"), olfativas ("Cheiro de mato", "Seu cheiro é intenso e expansivo", "viva como um hálito", "para reassumir qualidade odorante") e até mesmo auditivas ("ranger de porta, farfalhar de galhos ao vento noturno, chiar de resina na lenha dos fogões", "aos ouvidos, para transformar-se em impressão melódica"). Isso tudo só é possível porque, para o narrador, o doce tem um componente mágico (mais uma vez a relação intertextual, agora com a lâmpada de Aladim, do *Livro das mil e uma noites*), que lhe permite abrir as portas de um mundo que agora só existe na memória.

A leitura desse trecho mostra que o literário não se prende necessariamente ao ficcional. Por outro lado, a verdade do literário não é a verdade histórica, objetiva, mas a verdade vista pelo olhar do artista. O próprio Nava afirma que "o memorialista é uma forma anfíbia dos dois [o ficcionista e o historiador] e ora tem de palmilhar as securas desérticas da verdade, ora nadar nas possibilidades oceânicas de sua interpretação" (2001: 173).

Num outro trecho de suas memórias, ressalta que "o memorialista conta o que quer, o historiador deve contar o que sabe" (2003: 422). A literariedade da descrição decorre de como o autor vê o que descreve, fundindo o objetivo com o subjetivo, trazendo ao presente o passado, de modo que, ao descrever o doce, descreve a si mesmo, a redescoberta do doce é um descobrir a si mesmo.

Ressalte-se que a tendência de se classificar os textos como literários a partir do estilo do autor não é nova, tendo suas origens na estilística.

Na segunda metade do século passado, o estruturalismo, em especial os estudos de Roman Jakobson no que se refere às chamadas funções da linguagem, foi responsável por uma tendência bastante difundida, que consistia em estudar os textos literários centrando em sua configuração linguística (o chamado plano da expressão), em especial pelo uso da chamada função poética da linguagem, aquela que se volta para o próprio código.

> A *estilística* é a disciplina que estuda os recursos expressivos da língua, sua capacidade de sugerir, de emocionar. Os recursos estilísticos podem ser de natureza fônica, sintática ou semântica. O estudo das chamadas figuras de linguagem (aliteração, metáfora, hipálage etc.) está no domínio da estilística.

A abordagem estruturalista, ao hipervalorizar o componente linguístico, acabou por tratar do texto de modo reducionista, na medida em que deixou de lado aspectos como o contexto e o papel do leitor na construção do sentido, além de partir da visão de língua como código. Chama a atenção que o principal exemplo que Jakobson apresenta de função poética seja *"I like Ike"* (Eu gosto do Ike), que não é um exemplo colhido na poesia. Trata-se de um *slogan* publicitário usado pelo candidato Dwight (Ike) Eisenhower na campanha para presidente dos Estados Unidos na década de 1950. Se o critério para classificar como literária uma obra residir apenas no estilo, ou no uso da chamada função poética, muitos textos publicitários, *slogans* e trava-línguas deveriam ser classificados como literários. Evidentemente, a forma particular de utilização do material linguístico é um meio de conferir literariedade aos textos, vide os textos em que se procura dar uma conformação especial ao componente linguístico, explorando aspectos relativos à sonoridade, associações inusitadas de palavras, deslocamentos semânticos; mas esse não deve ser o único critério para elevar um texto à categoria do literário. Os trechos a seguir exemplificam uma forma particular de uso do componente linguístico, visando conferir literariedade aos textos.

> "Boi bem bravo, bate baixo, bota baba, boi berrando... Dança doido, dá de duro, dá de dentro, dá direito... Vai, vem, volta, vem na vara, vai não volta, vai varando..." (Guimarães Rosa, "O burrinho pedrês")
>
> "O voo negro dos urubus fazia círculos altos em redor de bichos moribundos." (Graciliano Ramos, *Vidas secas*)
>
> "A guerra é uma cobra que usa nossos próprios dentes para nos morder. Seu veneno circulava agora em todos os rios de nossa alma. De dia já não saímos, de noite não sonhávamos. O sonho é o olho da vida. Nós estávamos cegos." (Mia Couto, *Terra sonâmbula*)

No exemplo colhido a Guimarães Rosa, o recurso linguístico utilizado para conferir literariedade ao texto está no estrato fônico (a reiteração de fonemas semelhantes); no de Graciliano Ramos, no componente sintático, ao atribuir a uma palavra o que logicamente pertenceria a outra: o adjetivo **negro,** atribuído a **voo**, logicamente relaciona-se a **urubus**. No exemplo extraído de *Terra sonâmbula*, o recurso repousa no componente semântico, por meio de uma transferência de significados, ao estabelecer uma relação de identidade entre a guerra e uma cobra.

As considerações a respeito do que é literário são feitas agora a partir da leitura de dois textos que tratam do mesmo tema.

>   Amor é um fogo que arde sem se ver;
>   É ferida que dói e não se sente;
>   É um contentamento descontente;
>   É dor que desatina sem doer;
>
>   É um não querer mais que bem querer;
>   É um andar solitário por entre a gente;
>   É nunca contentar-se de contente;
>   É um cuidar que ganha em se perder;
>
>   É querer estar preso por vontade;
>   É servir a quem vence, o vencedor;
>   É ter com quem nos mata lealdade.
>
>   Mas como causar pode seu favor
>   Nos corações humanos amizade,
>   Se tão contrário a si é o mesmo Amor?
>
>   CAMÕES, Luís de. *Obra completa*. Rio de Janeiro: Aguilar, 1963, p. 270.

Que é o amor

[...] o Amor é, por definição, um processo complexo e contraditório, que não pode ser situado nem limitado concretamente em um determinado setor conceitual. Sua energia não somente é a maior e a mais variada de quantas possamos imaginar, mas, além disso, ainda aspira, engloba e incorpora, por uma "absorção" *sui generis*, as de seus companheiros de morada. Por isso, talvez, seja a única força capaz de aumentar na razão direta dos obstáculos ou resistências que se lhe opõem. Por isso, também, triunfa em definitivo sobre seus adversários mesmo quando esses se unem em consórcio para anulá-lo. Entretanto, não há exemplo de outro ser que seja capaz de revelar maior delicadeza e sensibilidade, maior variabilidade e instabilidade. Delicado e forte, puro e perverso, terno e cruel, audaz e tímido, sincero e teatral... não há contradição e antinomia que não possa ser encontrada na história do Amor.

MIRA Y LÓPEZ, Emilio. *Quatro gigantes da alma*: o medo, a ira, o amor, o dever. 24. ed. Rio de Janeiro: José Olympio, 2005, p. 123.

Ambos os textos tratam do mesmo tema: o amor. O propósito deles é definir o amor e chegam a conclusões bastante semelhantes. Nosso conhecimento de mundo nos leva a considerar apenas o primeiro texto como literário. Entre outras coisas que nos leva a isso, destacam-se:
  a) saber que Camões é um poeta, que tem sua obra reconhecida como literária;
  b) apresentar-se na forma de um gênero literário bastante conhecido e cultivado: o soneto;
  c) estar escrito em versos;
  d) estar metrificado (versos decassílabos);
  e) fazer uso de recursos linguísticos expressivos, nos estratos
   • sonoro: ritmo, rimas, assonâncias e aliterações;
   • sintático: repetições (É...);

- semântico: transferências de significado (amor é um fogo); aproximação de expressões que se opõem pelo sentido (contentamento/descontente).

A leitura do poema de Camões revela que o texto está construído a partir de um tema ou tópico discursivo, aquilo de que se fala no texto, apresentado já no início e, portanto, de conhecimento do interlocutor: o amor. O tema é o que garante a organização do texto. Um referente (o amor) é introduzido no primeiro verso e retomado elipticamente nos 10 versos subsequentes ao primeiro, configurando 11 definições diferentes para um mesmo objeto de discurso.

A progressão textual decorre de uma renovação constante na articulação tópico/comentário (ou tema/rema, em outra nomenclatura): mantém-se o tópico (amor), mas a informação nova (o comentário) é renovada no nível transfrástico, contribuindo para a coerência interna do texto (coerência local). No poema de Camões, a articulação tópico/comentário coincide com a articulação gramatical sujeito/predicado.

A articulação tópico/comentário diz respeito ao texto, e não à frase, razão pela qual o tópico nem sempre vai coincidir com o sujeito gramatical, como neste trecho de *Crime e castigo*, de Dostoievski: "As chaves ele tirou no mesmo instante daquele bolso; como da vez anterior, tudo estava em um molho, em um aro de aço", em que o tópico é *as chaves*, embora o sujeito gramatical seja *ele*.

Apesar de, em cada retomada, ocorrer uma nova definição de amor, pode-se observar que elas apresentam algo comum: as definições são apresentadas na forma de um paradoxo, o que poderia fazer crer que se tratasse de falta de coerência local.

> Paradoxo (do grego: *para* = contra; *doksa* = opinião, julgamento, crença) é uma expressão linguística em que os termos aparentam estar em contradição uns com os outros ou com o senso comum ("dói e não se sente"; "contentamento descontente").

As 11 definições de amor apresentam uma estrutura bimembre em que a segunda parte se opõe à primeira; mas essa contradição é aparente, uma vez que a primeira parte do paradoxo remete ao mundo inteligível ou racional, enquanto a segunda, ao mundo sensível ou emocional; por isso pode-se saber racionalmente que o amor dói, mas no nível sensível ou interior não se sente essa dor.

O paradoxo tem uma função no texto: nomear o inomeável, ou no dizer de Guimarães Rosa "os paradoxos existem para que ainda se possa exprimir algo para o qual não existem palavras". Por outro lado, deve-se observar que a linguagem tem uma lógica especial, que admite, por exemplo, que se afirme que um círculo é quadrado. Os textos literários comumente exploram essa lógica especial da linguagem que permite definir uma coisa pelo seu contrário, como neste verso de Fernando Pessoa: "O Mito é o nada que é tudo."

Em sentido amplo, a coerência não é algo que preexista nos textos, mas algo que é construído cooperativamente pelo interlocutor na interação, a partir de processos cognitivos que entram em ação na medida em que processam não só expressões verbalizadas na superfície textual (o cotexto), mas também, e a partir delas, informações não verbalizadas de natureza semântica e/ou pragmática, integrando-as com os sistemas de conhecimento de que dispõe e que estão armazenados na memória.

A coerência é, pois, um princípio de interpretabilidade dos textos. A leitura da última estrofe, ao definir o amor como algo contrário a si mesmo, portanto um paradoxo, leva o leitor a reconstruir as definições antes apresentadas, ressignificando-as: aquilo que é contrário a si mesmo só é passível de ser definido por meio de contradições, fechando a leitura do poema numa estrutura circular. Como se pode observar, a palavra que abre o poema é a mesma que o fecha (amor).

O segundo texto, escrito pelo médico e psicólogo cubano Emilio Mira y López, pode ser considerado um texto científico.

Por pertencerem a esferas discursivas distintas (discurso literário e discurso científico), os textos, apesar de apresentarem praticamente a mesma definição para amor, têm organização textual e semiótica distintas, o que implica que mobilizam protocolos de leitura diferentes. O termo "protocolos de leitura" é aqui empregado para nomear o conjunto de procedimentos mobilizados na leitura de um texto. Em decorrência desses protocolos é que se diz que um poema deve ser lido como poema e não como um anúncio de emprego.

Mira y López também inicia seu texto introduzindo um objeto de discurso, que será retomado na sequência do texto, garantindo a unidade temática. No entanto, percorre caminho inverso ao de Camões. Se o poeta português "define" primeiro para concluir que o amor é contraditório; o psicólogo cubano já afirma de início a dificuldade de definir algo que por princípio é contraditório. As contradições apontadas pelo poeta também estão presentes no texto científico: "delicado e forte, puro e perverso, terno e cruel, audaz e tímido, sincero e teatral".

Se ambos os textos têm o mesmo tema e dizem praticamente a mesma coisa, o que leva a classificar o texto de Camões como literário e o de Mira y López como não literário? Afora o fato de o primeiro ser legitimado institucionalmente como literário e o segundo não, a diferença reside não no que os textos dizem, ou seja, em sua temática, mas como dizem e como se configuram.

PARA SABER MAIS!

Os PCNs são claros ao afirmarem que a representação que o texto literário faz da realidade difere da que faz o discurso científico, pois "o texto literário não está limitado a critérios de observação fatual (ao que ocorre e ao que se testemunha), nem às categorias e relações que constituem os padrões dos modos de ver a realidade e, menos ainda, às famílias de noções/conceitos com que se pretende descrever e explicar diferentes planos da realidade (o discurso científico). Ele os ultrapassa e transgride para constituir outra mediação de sentidos entre o sujeito e o mundo, entre a imagem e o objeto, mediação que autoriza a ficção e a reinterpretação do mundo atual e dos mundos possíveis".

Se somos razão e emoção, Mira y López se dirige ao nosso lado inteligível, procurando racionalmente definir amor. Camões vai além, mostrando que um sentimento como o amor não pode ser definido racionalmente, uma vez que resulta de uma contradição entre o sensível e o inteligível, e isso fica claro na escolha das palavras e na forma de organizá-las no texto a fim de provocar no interlocutor emoção estética, que é um sentimento análogo ao prazer, mas que não se confunde com ele.

Para Camões, ao contrário do que ocorre em Mira y López, a experiência do amor não é só reconhecida, é também sentida e é esse sentimento que ele exprime. Por isso o texto camoniano pertence ao gênero lírico, uma manifestação literária da subjetividade. Outra distinção fundamental é que o texto de Camões pode ser lido e compreendido por qualquer leitor em qualquer época, ao passo que o texto de Mira y López é destinado apenas àqueles familiarizados com esse tipo de texto. Se para Mira y López o amor é "um processo complexo e contraditório, que não pode ser situado nem limitado concretamente em um determinado setor conceitual", para Camões é "fogo que arde sem se ver".

Como se expôs, não é pacífica a classificação de um texto como literário e há ainda quem veja gradações no literário, considerando algumas obras como alta literatura e outras como subliteratura. Via de regra, emprega-se o termo *literatura* (sem nenhum qualificativo) para designar as obras canônicas, aquelas que são legitimamente institucionalizadas como literárias, e a palavra literatura acompanhada de prefixo ou qualificativo para se referir à literatura não canônica, daí falar-se em *subliteratura, paraliteratura, literatura de massa, literatura de consumo* etc.

Encerrando este capítulo, sugiro que, como a questão da literariedade dos textos é um terreno movediço, os estudantes sejam expostos a uma gama variada de textos, incluindo os não canônicos, no que se refere a gêneros e autores, temas e suportes, a fim de que, pela prática da leitura, venham a criar seus próprios parâmetros de gosto. Para isso, é fundamental que eles sejam estimulados não só a manifestarem o que entenderam dos textos, mas também exprimirem juízos de valor acerca deles.

PARA TRABALHAR COM SEUS ALUNOS

Objetivos:
1. levar os alunos a perceber a natureza do texto: se é ou não literário;
2. perceber que, embora se trate de um enunciado único, por suas características assemelha-se a outros textos que apresentam mesma estrutura composicional.

Texto 1

Lição sobre a água

Este líquido é água.
Quando pura
é inodora, insípida e incolor.
Reduzida a vapor,
sob tensão e a alta temperatura,
move os êmbolos das máquinas, que, por isso,
se denominam máquinas de vapor.

É um bom dissolvente.
Embora com exceções mas de um modo geral,
dissolve tudo bem, ácidos, bases e sais.
Congela a zero grau centesimais
e ferve a 100, quando a pressão normal.

Foi nesse líquido que numa noite cálida de Verão,
sob um luar gomoso e branco de camélia,
apareceu a boiar o cadáver de Ofélia
com um nenúfar na mão.

GEDEÃO, António. *Poesias completas*: 1956-1967. 7. ed. Lisboa: Portugália, 1978, pp. 244-245.

Texto 2

A mulher que vendeu o marido por R$ 1,99

Hoje em dia, meus amigos
os direitos são iguais
tudo o que faz o marmanjo
hoje a mulher também faz
se o homem se abestalhar
a mulher bota pra trás!

Acabou-se aquele tempo
em que a mulher com presteza
se fazia para o homem
artigo de cama e mesa
a mulher se faz mais forte
mantendo a delicadeza.

Não é mais "mulher de Atenas"
nem "Amélia" de ninguém
eu mesmo sempre entendi
que a mulher direito tem
de sempre só ser tratada
por "meu amor" e "meu bem".

Hoje o trabalho de casa
meio a meio é dividido
para ajudar a mulher
homem não faz alarido
quando a mulher lava a louça
quem enxuga é o marido!

Também na sociedade
é outra a situação
a mulher hoje já faz
tudo o que faz o machão
há mulher que até dirige
trem, trator e caminhão.

Esse fato todo mundo
já deu pra assimilar
a mulher hoje já pôde
seu espaço conquistar
quem não concorda com isso
é muito raro encontrar.

Entretanto, ainda existe
caso de exploração
o salário da mulher
é de chamar a atenção
bem menor que o do homem
fazendo a mesma função.

DANTAS, Janduhi. A mulher que vendeu o marido por R$1,99. Disponível em: <http://www.camarabrasileira.com/cordel48.htm>. Acesso em: ago. de 2013.

O julgamento da literariedade dos textos não é questão pacífica. A intenção é que os alunos sejam estimulados a dizer por que "Lição sobre a água" é um poema e não um texto informativo, pois o autor começa falando da água valendo-se de uma linguagem que, à primeira vista, parece ser objetiva, em que a palavra água é empregada em sentido próprio, ressaltando suas propriedades físicas ("é inodora, insípida e incolor") e utilitárias ("move os êmbolos das máquinas").

Chamar a atenção sobre a terceira estrofe, mostrando que ela dá a chave para entender o poema. Mostrar que a mudança no ritmo e no vocabulário usado ("noite cálida de Verão"; "luar gomoso"; "branco de camélia", "cadáver de Ofélia"; "nenúfar na mão") remete o leitor a uma outra realidade que se contrapõe àquela apresentada nas duas primeiras estrofes. Chamar também a atenção à referência intertextual ao drama *Hamlet*, de Shakespeare, em que a personagem Ofélia, noiva de Hamlet, morre afogada. Agora se tem uma referência não mais a uma realidade física e utilitária da água (ferver a 100 graus, ser inodora, insípida e incolor, congelar a zero grau, mover êmbolos de máquinas), mas a uma realidade mítica, ligada ao mundo dos sentimentos contraditórios que movem o homem. Simbolicamente, a água exprime a contrariedade, estando ligada à ideia de vida e à de morte; de criação e destruição.

A leitura do texto de Janduhi Dantas possibilita uma reflexão sobre as formas não canônicas de literatura, em especial sobre aquelas ligadas à oralidade e à cultura popular, como o cordel. Pode-se ainda discutir que o próprio gênero poesia de cordel apresenta alterações temáticas, embora mantenha estilo e estrutura relativamente fixos. No caso, o tema desse cordel volta-se para uma questão atual: a emancipação feminina. Comentar ainda que o poema de Dantas segue uma estrutura fixa, característica do gênero poesia de cordel: sextilhas em redondilhas maior (versos de sete sílabas métricas), com rimas apenas nos versos pares.

Sugiro ainda que sejam exploradas as relações intertextuais do texto com outros dois que tratam da temática do papel da mulher na sociedade: as canções "Mulheres de Atenas", de Chico Buarque e Augusto Boal, e "Ai que saudades da Amélia", de Mário Lago e Ataulfo Alves. A leitura desses outros dois textos permitirá aos estudantes compreenderem como era a mulher ideal em outros contextos: na Grécia antiga ("Mulheres de Atenas"), no Brasil da primeira metade do século XX ("Ai que saudades da Amélia") e no Brasil atual ("A mulher que vendeu o marido por R$ 1,99"). O texto de Mário Lago e Ataulfo Alves possibilita ainda uma reflexão sobre como o homem via a mudança do papel da mulher na sociedade: de submissa (Amélia) para uma situação de autonomia. Seria interessante comentar o uso do demonstrativo "aquilo" para referir-se a Amélia ("aquilo sim é que era mulher").

Finalmente, chamar a atenção para o título do cordel, que ressalta humoristicamente que o marido é pessoa de pouco valor, na medida em que é descartado como coisa insignificante, vendido por uma ninharia (1,99), numa analogia às quinquilharias vendidas em lojas que comercializam bugigangas.

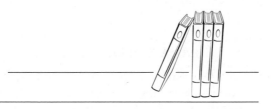

Leitura e texto

Leitura

As reflexões sobre leitura são tão antigas quanto a própria cultura ocidental. Platão (428-327 a.C.), no *Fedro*, afirmava que o texto escrito não levava à verdadeira sabedoria, na medida em que o conhecimento das coisas era transmitido por sinais exteriores a ela (os signos). Por trás dessa afirmativa, pode-se vislumbrar uma crítica a um modelo cultural precedente, no caso a passagem de uma cultura oral para uma cultura escrita. Platão teceu críticas à poesia e aos poetas, por considerar que a poesia afasta os homens da verdade e, por consequência, do verdadeiro conhecimento. Será um discípulo de Platão, Aristóteles (384-322 a.C.), em sua obra *Poética*, que nos deixará um estudo mais específico da linguagem literária. Conceitos importantes como os de mímesis e de verossimilhança foram legados pela obra desse filósofo, que também apresentou uma classificação dos gêneros literários até hoje seguida.

PARA SABER MAIS!

Você poderá obter muitas informações de como as práticas de leitura modificaram-se no tempo nas obras de Roger Chartier e de Alberto Manguel. Do primeiro, sugere-se a leitura de *A aventura do livro: do leitor ao navegador*. Do segundo, *Uma história da leitura*.

Antes da sociedade industrial, na Europa no século XIX, a leitura era vista como um ócio das camadas privilegiadas. Com as mudanças sociais decorrentes da industrialização, a leitura passou a ser considerada forma de ascensão social, de sorte que não saber ler ficou vinculado ao fracasso social. Há não muito tempo, confundia-se leitura com a simples decodificação de sinais gráficos. Tal concepção repousava numa visão de língua como código. Não só o conceito de leitura (e sua valorização) se alteraram no tempo, como o próprio suporte dos textos foi se modificando: caracteres desenhados na argila, rolos de pergaminho, livros de papel e, atualmente, telas de computadores, *tablets* e celulares. Evidentemente, a mudança de suporte determinou alterações nas práticas de leitura e de escrita.

O termo *leitura* é polissêmico. Do ponto de vista etimológico, está ligado ao verbo latino *legere*, que, segundo o *Dicionário Latino-Português*, de F. R. dos Santos Saraiva, significa *colher, recolher, escolher, furtar*. Esse sentido perpassa uma concepção de leitura que sugere que ler é colher algo que está pronto, como se colhe uma fruta madura da árvore; que ler é furtar algo (o sentido do texto). Daí para se entender leitura como decodificação de sinais gráficos vai apenas um pequeno passo.

Por essa concepção, o leitor não tem poder algum sobre o sentido do texto, que é visto como propriedade de outrem, donde ocorre a ideia de furtar, verbo que remete à ideia de transgressão. Essa concepção de leitura é a que adota, por exemplo, a hermenêutica.

A palavra *leitura* também é usada para se referir aos diversos modos de aproximação de um texto ou de um autor, como as várias leituras do conto "A cartomante", de Machado de Assis. Em sentido amplo, pode-se referir também à maneira de interpretar um acontecimento, uma situação (leitura do atual quadro político, leitura do jogo etc.).

> A *hermenêutica* é a disciplina que pretende buscar o "verdadeiro" sentido dos textos, isto é, aquilo que o autor pretendeu dizer. Estava inicialmente voltada aos textos sagrados. No século XIX, tem seu domínio estendido, passando a ser aplicada a todo tipo de texto, literário ou não. Normalmente, os estudos de hermenêutica têm características pragmáticas, isto é, procura-se o sentido de um texto para saber como se deve agir numa determinada situação concreta, diferentemente do que ocorre com a poética, que parte do sentido e dos efeitos veiculados pelo texto e investiga como eles foram produzidos por meio da linguagem. Os estudos da hermenêutica tiveram pouca aplicabilidade ao texto literário, uma vez que este não tem, em princípio, funções utilitárias, além do que é de sua própria característica a pluralidade de sentidos.

Neste livro, embasado nos estudos da linguística textual, parto do pressuposto de que leitura é uma atividade de construção de sentido. Marcuschi (1999: 96) destaca o caráter interativo da leitura, "que se desenvolve entre o leitor e o autor, com base no texto, não se podendo prever com segurança os resultados".

Para os PCNs, a leitura é

> processo no qual o leitor realiza um trabalho ativo de construção do significado do texto, a partir dos seus objetivos, do conhecimento sobre o assunto, sobre o autor, de tudo o que sabe sobre a língua: características do gênero do portador, do sistema de escrita, etc. Não se trata simplesmente de "extrair informação da escrita" decodificando-a letra por letra, palavra por palavra. Trata-se de uma atividade que implica, necessariamente, compreensão. (Brasil, 1997: 53)

Construção de sentido é um processo complexo e não deve ser confundido com a simples decodificação ou identificação de informações básicas. Como o sentido não está no texto, no processo de leitura, o leitor sai do texto e vai buscar, por meio de inferências, os conhecimentos necessários (linguísticos, textuais, enciclopédicos, interacionais) para a construção do sentido numa atitude colaborativa. Vale dizer, compreender um texto não é extrair dele um sentido que lá está pronto, acabado; mas, mediante a ativação de processos cognitivos, construir um sentido a partir de pistas presentes na superfície do texto. Ademais, deve-se levar em conta que o autor, ao produzir um texto, não coloca nele todas as informações, pois há saberes que considera compartilhados e que, portanto, não precisam se explicitados. A significação, como se sabe, vai além do que está literalmente expresso pelas formas linguísticas.

O fato é que se lê com a mente, e não com os olhos, cuja função é captar os sinais gráficos que são conduzidos ao cérebro, onde a leitura é processada. Cegos que dominam o sistema *braille* são capazes de ler um texto sem enxergar uma palavra sequer. Os significados não estão nas palavras, mas na mente daquele que fala ou escreve e na mente daquele que ouve ou lê.

Quando em *Memórias póstumas de Brás Cubas* o narrador diz "Marcela amou-me durante onze meses e quinze contos de reis", o que ele revela sobre Marcela é muito mais do que a soma das palavras presentes nessa frase, ou seja, há um sentido não expresso linguisticamente que o leitor deve construir para compreender como o narrador representa a personagem Marcela. Em outros termos: o sentido nem sempre coincide com aquilo que se denomina significado literal, uma vez que é construído por meio de relações que se estabelecem com outros elementos do texto e com o contexto. Deve-se, ainda, atentar para o fato de que essa construção, em princípio, causa alguma estranheza por coordenar expressões que normalmente não se coordenariam, *meses* com *contos de réis*, levando o leitor, a partir do estranhamento, a inferir o sentido pretendido.

Sobre os sentidos não expressos linguisticamente na superfície do texto e que devem ser construídos pelo leitor, segue um trecho do romance *Meu nome é vermelho*, do prêmio Nobel de literatura, o escritor turco Orhan Pamuk.

> Quem fala em assinar fala em selar. E, evidentemente, vocês devem estar se perguntando como é que eu faço para abrir essas cartas lacradas com cera. É que, simplesmente, elas não estão lacradas! [...] É verdade que não sou capaz de lê-las, mas posso mandar alguém ler para mim. E, quanto ao que está escrito, eu posso "ler" com a maior facilidade. Não estão conseguindo entender, não é? Pois vou deixar tudo muito bem claro, até para os menos sutis de vocês.
> Uma carta não se exprime apenas pelas palavras escritas. Como um livro, uma carta também pode ser lida cheirando-a, tocando-a, afagando-a. É por isso que as pessoas inteligentes dirão: "Vejamos o que esta carta diz"; enquanto os imbecis se contentam com dizer: "Vejamos o que está escrito". Toda a arte está em saber ler não apenas a escrita, mas o que vai junto com ela.
>
> PAMUK, Orhan. *Meu nome é vermelho*. São Paulo: Companhia das Letras, 2004, p. 58.

Uma carta (e os textos em geral) realmente diz muito mais do que está escrito. O tipo de papel e de envelope usado, se foi manuscrita ou impressa também revelam muita coisa. De fato, a leitura inteligente não é aquela que se restringe ao que está escrito, mas ao que o texto como um todo diz, uma vez que os textos – e os literários especialmente – contêm informações que não estão explicitadas; por isso o papel do professor deve ser o de um mediador de leitura, não se restringindo a apresentar uma interpretação já definida para os textos. Para isso, deve atuar no sentido de criar as oportunidades necessárias para que o aluno construa o sentido do texto a partir de seu conhecimento de mundo, levando em conta que os estudantes poderão construir sentidos não previstos pelo docente.

Em relação à leitura do texto literário, acrescento que, quando se lê um conto, por exemplo, os acontecimentos narrados pressupõem um antes e um depois. A propósito, seguem as primeiras frases dos contos "O búfalo", de Clarice Lispector, e "As neves de Kilimanjaro", de Ernest Hemingway.

> Mas era primavera. Até o leão lambeu a testa glabra da leoa. Os dois animais louros. A mulher desviou os olhos da jaula, onde só o cheiro quente lembrava a carnificina que ela viera buscar no Jardim Zoológico.
>
> LISPECTOR, Clarice. O búfalo. *Laços de família*. Rio de Janeiro: Rocco, 1998, p. 126.

> – O fantástico nisso é que é indolor – disse Elke. – E é por isso mesmo que se sabe quando começa.
> – Sério?
> – Certamente. Lamento muito pelo mau cheiro. Deve incomodá-la bastante.
> – Por favor! Não pense nisso.
>
> HEMINGWAY, Ernest. As neves de Kilimanjaro. *As neves do Kilimanjaro e outros contos*. Rio de Janeiro: BestBolso, 2011, p. 9.

As gramáticas tradicionais ensinam que *mas* é uma conjunção adversativa, ou seja, sua função é a de conector, na medida em que relaciona a oração que inicia a uma anterior para indicar adversidade, oposição, contraste. Ocorre que, em "O búfalo", a palavra *mas* inicia o conto, ou seja, não há expressa no texto nenhuma oração que anteceda à iniciada pelo conector adversativo. Dessa forma, a história já tinha um antes, que não veio expresso, levando o leitor a, por meio de inferências, construir os antecedentes do fato que começa a ser narrado (Por que a mulher está ali? Quem é ela? etc.). Vale dizer: o texto não está pronto, mas em contínuo processo de elaboração, e o leitor, ao processá-lo, atua como um coautor.

Leitores diferentes (ou um mesmo leitor em momentos diferentes) construirão sentidos diferentes para um mesmo texto, já que os conhecimentos mobilizados na leitura variam não só de leitor para leitor, como de leitura para leitura, o que vai ao encontro das palavras do filósofo pré-socrático Heráclito de Éfeso (aprox. 535 a.C.-475 a.C.), que afirmava que ninguém se banha duas vezes no mesmo rio, pois nem o rio nem a pessoa serão mais os mesmos. A leitura feita na idade madura de *Dom Casmurro*, evidentemente, não é a mesma que se fez ao ler esse romance quando se era adolescente. Como o leitor não é mais o mesmo, o sentido do texto muda para ele; por isso, pode-se dizer que, nos textos, não há a leitura única e definitiva. Os PCNs são claros quando afirmam que a escola deve criar oportunidades para práticas de leitura em que o sentido seja construído pelo aluno, e não como algo já dado pelo texto.

> Uma prática constante de leitura na escola deve admitir "leituras". Pois outra concepção que deve ser superada é o mito da interpretação única, fruto do pressuposto de que o significado está no texto. O significado, no entanto, constrói-se pelo esforço de interpretação do leitor, a partir não só do que está escrito, mas do conhecimento que traz para o texto. (Brasil, 1997: 43)

O conto de Hemingway inicia-se por uma sequência dialogal em que não há qualquer indicação de abertura (Bom dia!, Olá! etc.), ou seja, o leitor é apanhado, como se diz popularmente, "com o bonde andando". Ele pega a conversa no meio e passa a acompanhá-la a partir daí, sem saber ainda quem são os interlocutores, onde estão, sobre o que conversam.

O anafórico **nisso**, presente na primeira fala, só pode ser compreendido dentro de um contexto em que o enunciado é proferido, mas o leitor não tem ainda a informação no cotexto do termo em que o anafórico se ancora, o que o obriga a avançar na leitura para, por meio de outras informações que vai obter no cotexto, construir o contexto em que a conversa ocorre, dando assim um sentido ao texto.

A leitura é, como afirma Marcuschi (1999: 96), "[...] como um jogo com avanço de predições, recuos para correções, não se faz linearmente, progride em pequenos blocos ou fatias e não produz compreensões definitivas". No processo de leitura, mobilizam-se conhecimentos de natureza vária armazenados na memória: conhecimento enciclopédico, linguístico, textual e interacional. O conhecimento enciclopédico diz respeito às coisas do mundo e é adquirido de forma variada. Saber que os mortos devem ser sepultados, que Napoleão invadiu a Rússia são exemplos de conhecimento enciclopédico. Esses conhecimentos permitem criar um contexto cognitivo que possibilita, ao ler *Antígona*, de Sófocles, e *Guerra e paz*, de Tolstoi, compreender melhor essas obras. *Antígona* trata da questão do direito de se dar sepultura aos mortos. Antígona quer sepultar seu irmão Polinices, mas é proibida de fazê-lo por Creonte.

Em *Guerra e paz*, as ações se desenrolam na época da invasão napoleônica e várias de suas personagens participam diretamente da guerra contra o exército francês. Esses conhecimentos vão formar nosso capital cultural, que é representado por conhecimentos e habilidades adquiridos na escola ou fora dela. Se o capital econômico nos permite adquirir os livros, a apropriação simbólica deles por meio da leitura vai integrar o capital cultural. Quanto maior o capital cultural, maior será a proficiência na leitura.

Ao ler, mobilizam-se também conhecimentos linguísticos e textuais, isto é, acionam-se saberes relativos à estrutura da língua (conhecimentos relativos ao léxico, às regras da língua, ao registro utilizado etc.) e a estruturas ou modelos de textos (se o texto relata um fato, expõe uma ideia, apresenta argumentos, descreve algo, se é uma piada, um poema, um conto, ou um requerimento etc.). Os conhecimentos linguísticos são adquiridos desde tenra idade pelo contato com outros falantes da língua. Na escola, essa competência linguística é desenvolvida, uma vez que se é solicitado a refletir sobre esses conhecimentos.

A competência textual advém do contato que se tem com os textos na escola e fora dela. Dessa competência, decorre a capacidade de saber se o texto é uma carta, um anúncio ou um poema, como de perceber como os textos se estruturam para dizerem o que dizem. O conhecimento textual permite identificar, por exemplo, num texto, aquilo de que ele trata, o que é introdução ou conclusão, como o texto se desenvolve, se ele é descritivo, narrativo, explicativo, argumentativo etc., que relação há entre um segmento textual e outro (causa, consequência, tempo, finalidade etc.). Se se trata da fala do narrador ou de uma personagem. A competência textual permite ainda perceber se um texto retoma outro, numa relação denominada de intertextualidade, que se estudará neste livro.

Os conhecimentos interacionais dizem respeito às práticas interacionais diversas, como adequação do texto em função do interlocutor e da situação comunicativa, bem como do reconhecimento das intenções do autor. Pode-se afirmar que, se para ler necessita-se de conhecimentos prévios (linguísticos, textuais, enciclopédicos, interacionais), a leitura, por sua vez, permite o desenvolvimento desses conhecimentos, vale dizer, a leitura tem função autoalimentadora. Em síntese: quanto mais conhecimento armazenado na memória o leitor tiver, maior sua compreensão, pois esta resulta de uma atualização do texto com base nos conhecimentos prévios.

A título de exemplo, segue um trecho de "Carta às Icamiabas", do livro *Macunaíma*, de Mário de Andrade.

> Às mui queridas súbditas nossas, Senhoras Amazonas.
> Trinta de Maio de Mil Novecentos e Vinte e Seis, São Paulo.
>
> Senhoras: Não pouco vos surpreenderá, por certo, o endereço e a literatura desta missiva. Cumpre-nos, entretanto, iniciar estas linhas de saudades e muito amor, com desagradável nova. É bem verdade que na boa cidade de São Paulo – a maior do universo, no dizer de seus prolixos habitantes – não sois conhecidas por "icamiabas", voz espúria, sinão que pelo apelativo de Amazonas; e de vós, se afirma, cavalgardes ginetes belígeros e virdes da Hélade clássica; e assim sois chamadas. Muito nos pesou a nós, Imperator vosso, tais dislates da erudição porém heis de convir conosco que, assim, ficais mais heroicas e mais conspícuas, tocadas por essa platina respeitável da tradição e da pureza antiga.
> Mas não devemos esperdiçarmos vosso tempo fero, e muito menos conturbarmos vosso entendimento, com notícias de mau calibre; passemos pois, imediato, ao relato dos nossos feitos por cá.
> Nem cinco sóis eram passados que de vós nos partíramos, quando a mais temerosa desdita pesou sobre Nós. Por uma bela noite dos idos de maio do ano translato, perdíamos a muiraquitã; que outrem grafara muraquitã, e, alguns doutos, ciosos de etimologias esdrúxulas, ortografam muyrakitan e até mesmo muraquéitã, não sorriais! Haveis de saber que este vocábulo, tão familiar às vossas trompas de Eustáquio, é quase desconhecido por aqui. Por estas paragens mui civis, os guerreiros chamam-se polícias, grilos, guardas-cívicas, boxistas, legalistas, masorqueiros, etc; sendo que alguns desses termos são neologismos absurdos – bagaço nefando com que os desleixados e petimetres conspurcam o bom falar lusitano. Mas não nos sobra já vagar para dis-

cretearmos "sub tegmine fagi", sobre a língua portuguesa, também chamada lusitana. O que vos interessará mais, por sem dúvida, é saberdes que os guerreiros de cá não buscam mavórticas damas para o enlace epitalâmico; mas antes as preferem dóceis e facilmente trocáveis por pequeninas e voláteis folhas de papel a que o vulgo chamará dinheiro – o "curriculum vitae" da Civilização, a que hoje fazemos ponto de honra em pertencermos.

ANDRADE, Mário. *Macunaíma*: o herói sem nenhum caráter. 33. ed. Belo Horizonte/Rio de Janeiro: Garnier, 2004, pp. 71-72.

A compreensão desse texto demanda, por parte do leitor, a ativação de vários conhecimentos:

a) Conhecimentos linguísticos: identificar o sentido de várias palavras e expressões que não são de uso comum atualmente: *espúria, ginetes, belígeros, patimetres, mavórticas, epitalâmio, "sub tegmine fagi"* etc.; que a variedade da língua portuguesa utilizada se afasta da do português brasileiro atual (vide o tratamento em 2ª pessoa do plural, a grafia *súbtidas*), aproximando-se da variedade do português europeu.

b) Conhecimentos textuais: identificar que o texto pertence ao gênero carta, que, portanto, apresenta um plano composicional: um remetente que se dirige a um destinatário (as Amazonas); que o propósito comunicativo é dar notícias; que antes das notícias, há indicação do local e data onde foi redigida. Destaque-se ainda que, na frase "Nem cinco sóis eram passados que de vós nos partíramos, quando a mais temerosa desdita pesou sobre Nós", há uma referência direta a dois versos do episódio do Gigante Adamastor, do poema épico *Os lusíadas*, de Camões ("Porém já cinco Sóis eram passados / Que dali nos partíramos..."), o que configura uma relação intertextual com aquele poema épico. A expressão latina *sub tegmine fagi*, que significa *debaixo de uma frondosa faia*, também guarda relação intertextual com a obra *As bucólicas*, do poeta latino Virgílio, e com o poeta brasileiro Castro Alves, que usa essa expressão latina como título de um de seus poemas.

c) Conhecimentos enciclopédicos: saber que as icamiabas são mulheres indígenas de suposta tribo amazônica que, por suas características, equivaleriam às amazonas; que Hélade refere-se à Grécia antiga; que trompas de Eustáquio era outro nome que se dava ao canal auditivo.

d) Conhecimentos interacionais: que o propósito comunicativo do texto é dar notícias a um interlocutor ausente; que o registro linguístico foi escolhido em função do destinatário (estilo solene).

A seguir, exponho algumas considerações sobre texto e, particularmente, sobre o texto literário.

Texto

Embora a língua possa ser definida como um inventário de palavras (o léxico) e de regras (a gramática em sentido amplo) que permitem combinar as palavras em unidades portadoras de sentido (frases, períodos), é fato que não nos comunicamos por frases, mas por unidades de sentido denominadas **textos**. Por isso o trabalho do professor de língua portuguesa deve ser desenvolvido a partir de textos autênticos e não por meio de frases. Evidentemente pode haver textos que coincidam com a frase, como os avisos afixados em diversos lugares. O que se ressalta aqui é que a abordagem deve ser feita sob uma perspectiva textual e não puramente gramatical, conforme postulam os PCNs, quando afirmam que:

Tomando-se a linguagem como atividade discursiva, o texto como unidade de ensino e a noção de gramática como relativa ao conhecimento que o falante tem de sua linguagem, as atividades curriculares em Língua Portuguesa correspondem, principalmente, a atividades discursivas: uma prática constante de escuta de textos orais e leitura de textos escritos e de produção de textos orais e escritos, que devem permitir, por meio da análise e reflexão sobre os múltiplos aspectos envolvidos, a expansão e construção de instrumentos que permitam ao aluno, progressivamente, ampliar sua competência discursiva. (Brasil, 1998: 27)

Para o trabalho em sala de aula com textos literários, o professor terá de optar por textos curtos como poemas e contos, deixando os textos longos, como os romances, para leitura extraclasse. Eventualmente, poderá trabalhar em sala de aula capítulos de romances, de preferência já lidos pelos estudantes, a fim de esclarecer aspectos essenciais desse gênero narrativo, como o papel do narrador, a ordenação dos fatos, a caracterização de personagens, a ambientação.

Mas afinal, o que é um texto? Não há unanimidade entre estudiosos sobre conceito de texto. Dependendo da corrente teórica (linguística textual, análise do discurso, semiótica, teoria dos atos de fala etc.), podem-se encontrar conceitos diferentes para texto. Mesmo dentro de uma mesma disciplina, o conceito pode variar de autor para autor. *Grosso modo*, para a análise do discurso, o texto é o *locus* em que o discurso, entendido como conjunto de enunciados provenientes de uma mesma formação discursiva, se materializa; para a semiótica, é um objeto de significação formado por um conjunto de elementos estruturados e captado pelos sentidos que estabelece comunicação entre um destinador e um destinatário, podendo manifestar-se em várias formas semióticas (alfabéticas, fílmicas, pictóricas etc.), daí os semioticistas falarem em texto cinematográfico, texto pictórico etc.; para os seguidores da teoria dos atos de fala, o texto é visto em sua função pragmática como um ato de fala complexo.

Neste livro, as reflexões apresentadas sobre texto estão ancoradas principalmente nos estudos da linguística textual e estão relacionadas a uma concepção de língua vista não como código, ou seja, como simples instrumento de comunicação, tampouco como uma simples nomenclatura com a qual se nomeiam as coisas e pela qual se expressa o pensamento, o que vem ao encontro dos PCNs que postulam que "o texto é o produto da atividade verbal oral ou escrita que forma um todo significativo e acabado, qualquer que seja a sua extensão" (Brasil, 1997: 25).

Língua, aqui, é vista como prática social por meio da qual sujeitos sociais interagem e cujas palavras não são simplesmente rótulos dados às coisas, ou seja, a relação entre língua e mundo não é imediata, na medida em que é construída socialmente.

A relação que se estabelece entre as palavras e as coisas é marcada por certa instabilidade, pois os signos são marcados pela opacidade, donde decorre que o significado das formas linguísticas (e dos textos) é construído na interação. Nesse sentido, é oportuno lembrar as palavras de Wittgenstein (apud Palmer, s.d.: 42) "Não procurem o significado de uma palavra, procurem o uso que dela se faz". Como as palavras não são rótulos e a referência que se faz às coisas decorre de operações cognitivas e intersubjetivas, as coisas designadas pela língua não devem ser encaradas como objetos de mundo, mas como objetos de discurso, que podem se modificar na própria sequência do discurso, o que significa que um mesmo referente possa vir a ser recategorizado por meio de outro item lexical, como se pode observar neste trecho de Hernâni Donato (2005: 42): "Um índio saiu à procura de frutas e de mel. Mas o que encontrou foi *a onça*. *A fera* atirou-se contra ele."

A palavra *texto* provém do latim *textus*, que, por sua vez, está ligada ao verbo *tecĕre* (tecer, fazer tecido, entrançar, entrelaçar), portanto texto é algo que foi tecido, entrelaçado por meio de palavras. No entanto, o texto é algo mais do que a soma das frases que o constituem, já que há lacunas (*gaps*) deixadas intencionalmente pelo autor; pois, pelo princípio da economia, o produtor do texto não explicita todas as informações, uma vez que pressupõe conhecimentos compartilhados pelo leitor que não precisam ser explicitados. O texto, dessa forma, deve ser visto como um projeto que serve de orientação para a leitura. Solé (1998) o compara a um *iceberg*, na medida em que, em ambos, só uma parte deles é visível (no caso dos textos, a superfície textual). Mas, como nos *icebergs*, o texto diz mais do que se vê em sua superfície, competindo ao leitor, por meio de inferências feitas a partir de pistas presentes na superfície textual e de indícios presentes no cotexto e no contexto, fazer vir à tona essas informações escondidas.

Resumidamente, a inferência é um processo cognitivo pelo qual uma informação dada (A) gera uma informação nova (B), num contexto (C). Evidentemente, o raciocínio inferencial é um processo complexo e não mecânico, uma vez que as conexões que se estabelecem entre informação dada (*input*) e informação nova (*output*) são reatualizadas on-line e informações novas passam a funcionar com *input* para a construção de novas inferências, ou seja, o processo inferencial funciona em cadeia. Por meio das inferências, o leitor preenche as lacunas de um texto, faz antecipações, constrói um contexto cognitivo com base em esquemas que tem armazenados na memória, permitindo-lhe processar o texto como coerente.

Quando se fala em esquemas, está-se chamando a atenção para o fato de que o conhecimento prévio é organizado, e não caótico. Os esquemas são dinâmicos e variam de acordo com idade, sexo, etnia, crença, nacionalidade, por isso pessoas diferentes constroem sentidos diferentes para um mesmo texto. Sobre o processo inferencial na construção de sentido para os textos, Marcuschi (2008: 249) afirma que "a contribuição essencial das inferências na compreensão dos textos é funcionarem como provedoras de contexto integrador para a informação e estabelecimento da continuidade do próprio texto, dando-lhe coerência". Exemplifico. No romance *O cortiço*, de Aluísio Azevedo, o narrador referindo-se à personagem João Romão diz: "Deixou de tosquiar o cabelo à escovinha; pôs a barba abaixo, conservando apenas o bigode, que ele agora tratava com brilhantina todas as vezes que ia ao barbeiro" (2009: 168). Essa informação presente na superfície do texto serve como *input* para que o leitor construa a imagem anterior de João Romão, que usava o cabelo à escovinha, barba, e que não passava brilhantina no bigode. Mais que isso, essa passagem mostra uma alteração no comportamento de João Romão, na medida em que ele começa a se preocupar com a aparência. A mudança física corresponde a uma mudança psicológica. No contexto do romance, esse fato é fundamental, pois João Romão passa a objetivar não apenas ganhar dinheiro, mas ser reconhecido socialmente, e o cuidado com a aparência física passa a ser elemento fundamental para a consecução de seu objetivo. Fica também dito que o reconhecimento social pressupõe boa aparência. Ora, o narrador não diz explicitamente, mas isso é possível de ser inferido a partir de informações presentes na superfície do texto.

A compreensão dos textos vai além da mera decodificação, pois para compreender é preciso inferir. Por trás disso, está a concepção de língua que deve nortear o trabalho do professor, vale dizer, a língua não deve ser tomada apenas como um código que deve ser compartilhado, mas como uma atividade em que sujeitos interagem dialogicamente.

O sentido do texto é construído pelo leitor, o que não significa que os textos não têm sentido em si. Por outro lado, também não é verdade que qualquer sentido que se atribua aos textos seja válido. Ocorre que há sentidos que são autorizados pelo texto e outros que não são. Quanto à passagem do romance *O cortiço*, seria desautorizado pelo texto, por exemplo, inferir que João Romão mudou o penteado porque deu baixa no exército e não precisava mais usar o cabelo à escovinha. O professor deve estar atento a isso ao julgar as interpretações que seus alunos dão aos textos, verificando a coerência delas a partir das informações presentes na superfície textual.

Na verdade, o sentido construído pelos leitores não é exatamente igual àquele pretendido pelo seu autor (vide os mal-entendidos), na medida em que cada leitor utiliza seus conhecimentos prévios na construção do sentido e, como esses conhecimentos não são idênticos de pessoa para pessoa, o sentido construído nem sempre será o mesmo. Quando se afirma que texto corresponde a tecido, não se está comparando o texto a um tapete, ou seja, a algo pronto, acabado, mas ao ato contínuo do tecer. Em outras palavras, o texto não é o produto, mas o processo, o que equivale dizer que um texto escrito não preexiste à sua leitura, pois o tecido só se constitui no ato da leitura e, a cada leitura, ele é reconstituído.

PARA SABER MAIS!

"Em relação ao texto, tomo-o como uma unidade linguística numa ocorrência comunicativa. Ele não é simplesmente uma soma de sentenças coesas e coerentes, pois estes não são fatores sempre necessários ou suficientes. O texto é uma espécie de estímulo intermediário entre o autor e o leitor, ambos com conhecimentos de mundo e sistemas de referência próprios. Resultado de estratégias e operações que controlam e regulam unidades morfológicas, lexicais, sintáticas e sentidos numa ocorrência comunicativa, o texto submete-se a estabilizadores internos e externos para formar uma unidade de sentido."
(Marcuschi, 1999: 99)

O texto é uma unidade de sentido, mas ele não se caracteriza apenas pelo componente semântico, na medida em que se trata também de uma unidade pragmática que se realiza numa determinada situação comunicativa, isto é, os textos são marcados pela intencionalidade. O tamanho e a época em que foram produzidos são irrelevantes para caracterizá-los como textos. Há textos literários extremamente curtos (poemas, microcontos) e textos de vários volumes como *Guerra e paz*, de Tolstoi, e *O tempo e o vento*, de Érico Veríssimo. Textos recém-produzidos convivem com outros produzidos há mais de 2500 anos e que são lidos e apreciados até hoje.

O texto é unidade de sentido semântico-pragmática, no entanto, podem-se observar casos em que textos se conjugam numa unidade maior, a que denominamos macrotexto. Esclareço. Há casos em que textos autônomos constituem uma unidade semântica e pragmática mais ampla porque apresentam temas e/ou formas comuns, como as coletâneas de poemas de um mesmo autor produzidos numa mesma época e com características temáticas e composicionais homogêneas, como no caso dos cancioneiros. Como exemplo de macrotexto, pode-se citar a obra *Mensagem*, de Fernando Pessoa, coletânea de poemas que tratam do passado glorioso de Portugal.

Segue o poema "Ulisses", escrito por Fernando Pessoa.

Ulisses

O mito é o nada que é tudo.
O mesmo sol que abre os céus
É um mito brilhante e mudo –
O corpo morto de Deus,
Vivo e desnudo.

> Este, que aqui aportou,
> Foi por não ser existindo.
> Sem existir nos bastou.
> Por não ter vindo foi vindo
> E nos criou.
>
> Assim a lenda se escorre
> A entrar na realidade.
> E a fecundá-la decorre.
> Em baixo, a vida, metade
> De nada, morre.
>
> Pessoa, Fernando. *Obra poética*: volume único. Rio de Janeiro: José Aguilar, 1972, p. 72.

Segundo Beaugrande (apud Marcuschi, 2008: 72), o texto deve ser visto como um "evento comunicativo no qual convergem ações linguísticas, cognitivas e sociais", cujo sentido é construído na interação e que é recontextualizado a cada leitura a partir dos conhecimentos prévios. Esse conceito deixa claro que o texto não deve ser visto somente como um sistema de conexões linguísticas, mas como um multissistema em que, além do componente linguístico, atuam fatores pragmáticos, ou seja, o texto deve ser visto pelo seu caráter interativo.

Ao contrário do discurso, o texto é um objeto empírico, materializado em gêneros, resultado de um ato de enunciação, atualizável por meio da leitura e que exerce função comunicativa num contexto situacional. O leitor, ao processá-lo, estabelece conexões, faz antecipações, preenche lacunas, realiza inferências, comprova hipóteses levantadas, a fim de estabelecer um sentido.

O processamento do texto de Fernando Pessoa e sua compreensão pressupõem, por parte do leitor, uma atividade de contextualização que envolve processos cognitivos e metacognitivos a partir de pistas linguísticas presentes na superfície textual que permitem ativar o que ficou implícito, possibilitando a construção da coerência. Quanto ao material linguístico, assumem papel preponderante os elementos coesivos, particularmente elementos indiciais (dêiticos) e anafóricos.

O poema apresenta três estrofes de cinco versos cada uma e rimas alternadas e com estrutura gramatical singularíssima. A primeira, de caráter geral, introduz e ativa no verso inicial o referente *mito*, definido por meio de um paradoxo ("O mito é o nada que é tudo"), que funciona como uma tese que se pretende demonstrar. Nesse verso, como em outros do poema, observa-se uma relação de subordinação do positivo ao negativo (*o nada que é tudo*). Nessa estrofe, que é marcada pelas oposições paradoxais (*o nada é tudo; o corpo morto é vivo*), predominam substantivos (*mito, nada, sol, céus, corpo, Deus*) e os únicos adjetivos do poema (*brilhante, mudo, morto, vivo, desnudo*) e os verbos estão no presente do indicativo (*é, abre*).

> *Dêiticos:* expressões linguísticas cuja interpretação depende da pessoa, do lugar e do momento em que são enunciadas. Por exemplo: "eu" designa a pessoa que fala "eu". Expressões como "aqui", "agora" devem ser interpretadas em função de onde e em que momento se encontra o locutor, quando diz "aqui"e "agora".
> "Minha terra tem palmeiras,
> Onde canta o Sabiá;
> As aves que aqui gorjeiam,
> Não gorjeiam como lá."
> Nesses versos da "Canção do exílio", de Gonçalves Dias, os advérbios **aqui** e **lá** são dêiticos e devem ser interpretados como Portugal e Brasil, respectivamente, já que o poema foi escrito em Portugal.
> *Anafóricos:* expressões que estabelecem uma relação de referência a uma expressão textual mencionada no texto, denominada *antecedente*.
> Uma mesma forma gramatical pode funcionar como dêitico ou como anafórico, mas esses conceitos não se confundem. Nos dêiticos, o referente não é algo presente no texto, mas na situação comunicativa; nos anafóricos, a referência é feita a expressões mencionadas anteriormente no próprio texto.

Na segunda estrofe, não há um substantivo ou adjetivo sequer. Nela, predominam verbos no pretérito perfeito (*aportou, bastou, criou*), o que remete a fato passado acabado, e anafóricos que remetem a referentes que não estão presentes nos versos do poema. O objeto de discurso (mito) apresentado na primeira estrofe é desativado. Observe que não há referência direta a ele. O verso central dessa estrofe (e, portanto, de todo o poema) é "sem existir nos bastou", em que a concessão (sem existir), seguida do verbo bastar, de caráter totalizante, concretiza em termos verbais o paradoxo nominal do verso inicial, vale dizer, o nada, aquilo que não existe, é tudo, por nos bastar. Em outros termos, aquilo que, no nível histórico, é um nada (por não existir), no nível mítico é tudo, por bastar.

Nessa segunda estrofe, é introduzido um novo objeto de discurso, representado por uma palavra indicial, o pronome demonstrativo *este*, que exige, por parte do leitor, esforço cognitivo no sentido de encontrar o elemento textual em que o demonstrativo se ancora. Via de regra, a interpretação de um anafórico se dá pela relação sintática que ele estabelece com outro termo do texto (inferência sintática). No caso do poema de Pessoa, o anafórico *este* não se ancora em nenhuma palavra presente nos versos do poema, mas no título ("Ulisses").

No poema, observa-se um ritmo descendente. O mito, colocado no campo do divino (primeira estrofe: *sol, céus, corpo de Deus*), se materializa na figura de um herói (segunda estrofe: Ulisses), que é o protagonista de uma lenda que se transforma em realidade (terceira estrofe: a lenda escorre e entra na realidade, fecundando-a). Esse ritmo descensional pode ser observado não só na particularização que o referente, introduzido na primeira estrofe, sofre nas duas seguintes, mas também na seleção vocabular: "*escorre*" implica movimento de cima para baixo.

O caráter paradoxal do mito pode ser compreendido agora. Alguém que nem existiu e que, portanto, não pôde ter vindo, bastou para nos criar. O que não tem consistência (nada) adquire materialidade e relevância (tudo). Aquilo que oculta a realidade serve, ao mesmo tempo, para revelá-la.

Essa é a leitura que fiz do texto de Pessoa. Como ressaltado, os textos do livro *Mensagem*, embora tenham unidade semântico-pragmática, incluem-se num contexto mais amplo, na medida em que todos os textos dessa coletânea integram uma unidade de sentido, constituindo o que se denomina um macrotexto. Portanto, as conexões que o leitor venha a fazer com outros textos desse macrotexto possibilitam a construção de um sentido.

"Ulisses" faz parte do único livro de Pessoa publicado em vida, *Mensagem*. Essa obra é constituída de 44 poemas, cuja classificação não é rígida: o épico convive com o lírico. Em "Ulisses", o componente épico diz respeito à exaltação heroica de matéria histórica. No entanto, essa exaltação não se dá em tom grandiloquente. O épico é, por assim dizer, fragmentado e interiorizado, daí o tom lírico do poema.

Na terceira estrofe, fala-se da lenda, que, no cotexto, só pode ser interpretada com referência àquilo que se define na primeira (o mito), ou seja, por meio de uma estratégia de referenciação, aquele objeto de discurso, presente na primeira estrofe e que havia sido desativado na segunda, é retomado anaforicamente, possibilitando a progressão tópica e a continuidade do texto.

Note-se que, ao fazer referência ao mito, por meio de outra palavra (lenda), há uma recategorização do mito. Isso acarreta que o leitor, para interpretar a anáfora adequadamente, tem de inferir que alguma mudança tenha ocorrido. Na primeira estrofe, o mito estava inserto no campo do divino. A recategorização do mito em lenda se processa com o deslocamento do divino (*céus, corpo morto de Deus*) para o nível terreno (*realidade*). Nas lendas, como se sabe, há mescla de fatos irreais, frutos exclusivos da imaginação humana, com fatos reais, históricos.

> Recategorização é um procedimento anafórico em que um referente já introduzido no texto é retomado com alterações em suas características. No poema de Fernando Pessoa, o referente mito é retomado, mas agora na categoria de lenda.

No macrotexto *Mensagem*, vamos encontrar poemas cuja temática é a própria história de Portugal, referindo-se a personagens históricas (D. Henrique, D. Diniz, D. Afonso Henriques, D. Duarte, D. Sebastião, Vasco da Gama, Bartolomeu Dias, Fernão de Magalhães...). Mas, paralelamente, há também referências a entidades míticas ou àquelas que só têm existência no mundo literário (Ulisses, Santo Graal, o Mostrengo, Excalibur, o Grifo). Em síntese: em *Mensagem*, mito e história convivem harmonicamente. Essa informação é fundamental, pois, a partir dela, é que se podem estabelecer os referentes de anáforas e dêiticos presentes na superfície do texto.

No verso inicial da segunda estrofe ("Este que aqui aportou"), aparece o dêitico (*aqui*), cuja interpretação só é possível se for ancorada no contexto fornecido no macrotexto, que nos permite identificar *aqui* como a cidade de Lisboa, informação essa que não consta no texto. O conhecimento de que *aqui* se refere a Lisboa permite inferir a que mito o poema faz referência: o da fundação de Lisboa por Ulisses, herói mítico do poema *Odisseia*, atribuído a Homero. O poema, referindo-se à fundação de Lisboa por Ulisses, tematiza a vocação marítima dos portugueses, um dos temas do macrotexto. Em outros termos: é também no macrotexto que o leitor vai buscar as informações necessárias que lhe permitem construir o sentido do texto.

Encerrando esta seção, ressalto que os textos também fazem parte de nossa memória, fazendo parte do conhecimento textual, vale dizer, há textos que estão na memória em *stand by* e que podem vir à tona em decorrência de algum *input*; pois, como se verá na seção seguinte, os textos fazem referência a outros textos.

Intertextualidade

Na seção anterior, teci algumas considerações a respeito do texto literário, destacando que este pode se inserir numa unidade significativa mais ampla, o macrotexto. Nesta seção, trato especificamente das relações que os textos guardam entre si, a que se dá o nome de intertextualidade.

Como todo texto dialoga com outros que o precedem, o texto deste livro não foge à regra. Nele, encontram-se inúmeras referências a diversos textos, seja a literários que me serviram de exemplo, seja a teóricos em que me aportei e que trouxe para o corpo desta obra. É importante notar que a referência feita a outros textos neste livro é sempre marcada (aspas, itálico) e há indicação da fonte. Essas indicações são necessárias; pois, quando o texto de outrem é usado por alguém como sendo seu, não é caso de intertextualidade, mas de plágio, o que configura crime de violação do direito autoral, passível de punição legal.

Assim como o texto, a intertextualidade tem sido estudada em várias áreas (literatura, teoria literária, análise do discurso, linguística textual). Este livro não faz uma abordagem exaustiva do conceito de intertextualidade, de seus tipos e formas. Focarei, com base nos estudos da linguística textual, a intertextualidade como se manifesta em textos literários, partindo do pressuposto de que os gêneros literários formam um sistema que, armazenado na memória, funciona como um referencial que possibilita a produção e a leitura de outros textos literários, não só em relação a gêneros, mas também a temas e formas de composição, ou seja, a literatura se renova voltando-se sobre ela mesma. Exemplifico. Quando Vinicius de Moraes escreveu seu "Soneto da separação", apropriou-se de uma forma literária já existente, criada pelo poeta italiano Petrarca, no século XIV: o soneto. Quando Camões inicia seu *Os lusíadas* com "As armas e o barões assinalados", retoma uma forma literária presente na *Eneida*, de Virgílio, que, por sua vez, apoia-se nos poemas homéricos. Os pontos de identidade entre esses poemas épicos são vários, de tal sorte que se pode afirmar que, se não houvesse a *Odisseia*, não existiria a *Eneida*, e se esta não existisse, não haveria *Os lusíadas*.

A título de ilustração, seguem os versos iniciais desses três grandes poemas épicos.

> "Musa, reconta-me os feitos do herói astucioso que muito peregrinou, dês que esfez as muralhas sagradas de Troia;" (*Odisseia*)
>
> "As armas canto e o varão que, fugindo das plagas de Troia Por injunções do Destino instalou-se na Itália primeiro" (*Eneida*)
>
> "As armas e os barões assinalados, Que da ocidental praia Lusitana," (*Os lusíadas*)

Nesses versos que abrem as epopeias, os poetas declaram o que irão cantar em seus poemas. Na *Odisseia*, os feitos do astucioso Ulisses (Odisseu, em grego), que muito peregrinou a partir da destruição de Troia; na *Eneida*, os feitos do varão Eneias, que fugindo de Troia veio parar na Itália; em *Os lusíadas*, os feitos heroicos e as conquistas daqueles homens ilustres que partiram de Portugal. Camões, ainda no primeiro canto de *Os lusíadas*, fará referência explícita tanto a Ulisses quanto a Eneias: "Cessem do sábio Grego e do Troiano / As navegações grandes que fizeram".

A grande obra que marca o início da modernidade em literatura, *Dom Quixote*, de Cervantes, faz uma crítica às novelas de cavalaria, típicas da Idade Média. O romance *Ulisses*, de James Joyce, obra que revoluciona a forma narrativa no século XX, nos remete à *Odisseia*, de Homero, que foi composta provavelmente no século VIII a.C. Romances de Machado de Assis têm muitos pontos de contato com a obra do escritor inglês Lawrence Sterne. O romance *Lavoura arcaica*, de Raduan Nassar, retoma a parábola bíblica do filho pródigo, os exemplos se multiplicam. Como se pode notar, a literatura é tributária da própria literatura, na medida em que, em sua produção, os autores retomam textos literários já produzidos.

Do ponto de vista do leitor, o conhecimento de textos já produzidos permite uma melhor compreensão de novos textos. Não é sem razão que uma das maiores autoras da literatura ocidental, a inglesa Virgínia Woolf, no prefácio de seu romance *Orlando: uma biografia*, rende agradecimentos a outros autores ingleses que a antecederam, enfatizando que, para ler e escrever, o conhecimento do que já se produziu é essencial, como atesta o trecho do prefácio do romance reproduzido a seguir.

> Muitos amigos me ajudaram a escrever este livro. Alguns mortos, e tão ilustres que mal me atrevo a citá-los, embora ninguém possa ler ou escrever sem estar em perpétua dívida com Defoe, Sir Thomas Browne, Sterne, Sir Walter Scott, Lorde Macaulay, Emily Brontë, De Quincey e Walter Pater – para citar apenas os primeiros que me ocorrem. Outros, embora talvez igualmente ilustres, vivem ainda – e essa é a razão de serem menos formidáveis. (Woolf, 1972: 193)

Ao mesmo tempo que uma obra dialoga com outra apresentando pontos de convergência, há também entre elas pontos de diferença. Adiante comento alguns casos em que isso ocorre. O que significa que a leitura não só deve orientar-se no sentido daquilo que é comum entre textos, mas também no que um difere do outro, pois diálogo não significa apenas concordância, mas também refutação.

PARA SABER MAIS!

Beaugrande e Dressler afirmam que a intertextualidade "se refere à relação de dependência que se estabelece, por um lado, os processos de produção e de recepção de um texto determinado e, por outro, o conhecimento que tenham os participantes na interação comunicativa de outros textos anteriores relacionados com ele". (2005: 249)

O termo *intertextualidade* foi cunhado por Julia Kristeva, no final da década de 1960, num ensaio sobre a teoria poética de Bakhtin. Para essa autora "todo texto se constrói como um mosaico de citações, todo texto é absorção e transformação de outro texto" (Kristeva, 1974: 13). Em Bakhtin (2005), já encontramos a ideia de que todo texto apresenta relações dialógicas com outros textos, ou seja, há entre os textos, literários ou não, um intercâmbio, em que vozes cruzam-se, refutam-se, modificam-se. Para Beaugrande e Dressler (2005), a intertextualidade é, junto com a intencionalidade, a aceitabilidade, a informatividade, a situacionalidade, a coesão e a coerência, fator de textualidade, ou seja, aquilo que faz com que um conjunto de palavras configure um texto. Neste livro, o termo *intertextualidade* é empregado para se referir à relação entre textos efetivamente produzidos, conforme proposto pela linguística textual.

O trecho a seguir foi extraído do romance *O amanuense Belmiro*, do escritor mineiro Cyro dos Anjos.

> Percorrendo a Rua Matacavalos, pensei, com saudade, naqueles cavalheiros que andavam de tílburi, jogavam voltarete e tinham, sobre o mundo, pensamentos sutis. Divisei, a um canto, o vulto amável de Sofia e tive dó do Rubião. A meus ouvidos, mana Rita fazia insinuações (Cale a boca, mana Rita...). Em certo bonde, que me pareceu puxado por burricos, tive a meu lado Dom Casmurro, e lobriguei numa travessa, dois vultos que deslizavam furtivos à escassa luz dos lampiões: Capitu e Escobar.
>
> ANJOS, Cyro dos. *O amanuense Belmiro*. 8. ed. Rio de Janeiro: José Olympio, 1975, p. 163.

O amanuense Belmiro é um romance publicado em 1937 cuja ação se passa em Belo Horizonte. Nele, o narrador, um homem sentimental, conta suas histórias em forma de diário. Para Belmiro, o ato de escrever o diário é uma forma de afastar a infelicidade que decorre de sua inadaptação ao tempo presente. Para o narrador, a felicidade, como em Proust, está em viver num tempo recriado pela memória.

O trecho apresentado evoca esse passado perdido: andar de tílburi, jogar voltarete, bonde puxado por burricos. Mas onde o narrador foi buscar esse passado? A leitura do texto permite identificar que esse passado, evocado e reconstituído pela memória, não é o passado vivido de fato pelo narrador, mas o que dele sobrou e a memória reteve. E como o leitor sabe isso? Por meio de pistas presentes na superfície do texto que lhe permitem observar que o narrador traz para seu texto outros textos vivos em sua memória, Sofia e Rubião, Dom Casmurro, Capitu e Escobar, personagens dos romances de Machado de Assis, em que tílburis, bondes puxados a burricos, partidas de voltarete estão presentes na narrativa. A referência à rua Matacavalos transporta o leitor para o Rio de Janeiro, cenário dos romances machadianos. Há, pois, no texto de *O amanuense Belmiro* a presença explícita de outros textos com os quais dialoga: *Quincas Borba* e *Dom Casmurro*, configurando entre eles uma relação intertextual. Ao texto retomado numa relação intertextual, damos o nome de intertexto. No caso, os textos machadianos funcionam como intertexto do texto de Cyro dos Anjos.

A compreensão de um texto, como já dito aqui, pressupõe a ativação de conhecimentos prévios e, entre esses conhecimentos, incluem-se os textuais, que nos permitem identificar num texto outro com o qual dialoga. Com o uso do intertexto, o produtor espera alcançar determinados objetivos a que se propõe. Cumpre ao leitor inferir que propósitos teve o produtor ao fazer a relação intertextual.

No trecho a seguir, extraído de *Memórias de um sargento de milícias*, de Manuel Antônio de Almeida, o leitor só perceberá a intenção irônica do autor se identificar que a citação intertextual da fala da personagem contém um erro.

> – Com força, menina, com bem força, e Nossa Senhora não desampara os fiéis. Ânimo, ânimo; isto o mais que sucede é uma vez por ano. Desde que nossa mãe Eva comeu aquela maldita fruta ficamos nós sujeitas a isso. "Eu multiplicarei os trabalhos de teu parto." São palavras de Jesus Cristo.
> Já se vê que a comadre era forte em história sagrada.
>
> ALMEIDA, Manuel Antônio de. *Memórias de um sargento de milícias*. Cotia: Ateliê, 2006, p. 204.

O enunciado do narrador "Já se vê que a comadre era forte em história sagrada" contém uma ironia, pois a referência textual da comadre contém um erro, na medida em que a frase "Eu multiplicarei os trabalhos de teu parto" não foi dita por Jesus Cristo, uma vez que pertence ao Velho Testamento (Gênesis), em que Jesus Cristo não aparece.

Koch e Elias (2006, 2009) fazem referência a alguns tipos de intertextualidade. Apresento, a seguir, alguns desses tipos que têm interesse para o estudo do texto literário.

As autoras mencionadas referem-se inicialmente à intertextualidade explícita e implícita. Os adjetivos aí empregados deixam clara a diferença entre uma e outra. Explícito é aquilo que é explicado, portanto haverá intertextualidade explícita quando o intertexto for identificado claramente por meio de citação, que pode ser vaga, como as introduzidas por expressões do tipo "Como se dizia antigamente...", "A sabedoria popular é clara ao afirmar que..". Seguem alguns exemplos em que ocorre intertextualidade explícita.

> Falar hoje sobre a mãe de João e o meu avô é apelar para as referências que incorporei ao longo dos anos, os filmes, as fotografias, os documentos, a primeira vez que li *É isto um homem?* e tive a impressão de que não havia mais nada

> a dizer a respeito. Não sei quantos dos que escreveram a respeito leram o livro, mas duvido que em qualquer desses textos exista algo que não tenha sido mostrado por Primo Levi. Adorno escreveu que não há mais poesia depois de Auschwitz, Yehuda Amichai escreveu que não há mais teologia depois de Auschwitz, Hannah Arendt escreveu que Auschwitz revelou a existência de uma forma específica de mal...
>
> LAUB, Michel. *Diário da queda.* São Paulo: Companhia das Letras, 2011, p. 98.

Nesse trecho do romance *Diário da queda*, do escritor brasileiro Michel Laub, o narrador refere-se ao que outros autores (Primo Levi, Adorno, Yehuda Amichai, Hannah Arendt) e o livro *É isto um homem?* disseram sobre Auschwitz, identificando-os nominalmente. No caso, a citação deu-se por meio de discurso indireto, ou seja, o narrador incorporou em sua fala o que aqueles outros autores disseram sobre Auschwitz. A citação intertextual não é feita por acaso, ela cumpre uma função específica. Nesse trecho, ela tem força argumentativa, já que o narrador recorre a autores de reconhecido prestígio e autoridade intelectual, que reforçam a ideia por ele expressa de que os campos de concentração representaram um dos piores crimes cometidos contra a humanidade.

O trecho a seguir, do romance *Dom Casmurro*, apresenta intertextualidade explícita com reprodução textual do intertexto bíblico, como se pode observar pela indicação nominal da fonte e pelo uso das aspas. Essa citação, no final da narrativa, possibilita ao leitor conhecer o ponto de vista do narrador sobre seu relacionamento conjugal, na medida em que serve como fiadora de sua conclusão.

CAPÍTULO CXLVIII

E BEM, E O RESTO?

Agora, por que é que nenhuma dessas caprichosas me fez esquecer a primeira amada do meu coração? Talvez porque nenhuma tinha os olhos de ressaca, nem os de cigana oblíqua e dissimulada. Mas não é este propriamente o resto do livro. O resto é saber se a Capitu da praia da Glória já estava dentro da de Matacavalos, ou se foi mudada naquela por efeito de algum caso incidente. Jesus, filho de Sirach, se soubesse dos meus primeiros ciúmes, dir-me-ia, como no seu cap. IX, vers. I: "Não tenhas ciúmes de tua mulher para que ela não se meta a enganar-te com a malícia que aprender de ti." Mas eu creio que não, e tu concordarás comigo; se te lembras bem da Capitu menina, hás de reconhecer que uma estava dentro da outra, como a fruta dentro da casca.

ASSIS, Machado de. Dom Casmurro. *Machado de Assis*: obra completa. Rio de Janeiro: Aguilar, 1979, p. 944.

Na intertextualidade implícita, não há a explicitação da fonte do intertexto, de sorte que caberá ao leitor, a partir de seu conhecimento prévio, identificar o texto com o qual o texto que está lendo dialoga. Um exemplo desse tipo de intertextualidade é o que faz Moacyr Scliar em seu romance *Manual da paixão solitária*, cuja história é uma releitura do episódio bíblico narrado no capítulo 38 do Livro do Gênesis. A história do patriarca Judá e de seus três filhos, Er, Onan e Shelá, que se envolvem com a bela Tamar.

Na literatura, é comum que um texto dialogue com outro a fim de subvertê-lo ou negá-lo, ressaltando a diferença entre eles, com o propósito de obter efeito jocoso ou satírico. Ao texto resultante dessa transformação do texto-fonte, damos o nome de *paródia* (do grego: *paro* [ao lado de] + *oide* [poema cantado]). Evidentemente, é necessário que o leitor reconheça o texto parodiado para que a paródia atinja os efeitos pretendidos pelo seu autor. Por essa razão, a paródia de textos literários recai sobre aqueles textos mais conhecidos e que o produtor espera que façam parte da memória de seus leitores. Não é sem motivo que a "Canção do exílio", de Gonçalves Dias ("Minha terra tem palmeiras / Onde canta o Sabiá / As aves que aqui gorjeiam / Não gorjeiam como lá"), um dos poemas mais conhecidos de nossa literatura, seja o texto da literatura brasileira que apresenta o maior número de paródias, entre as quais podemos citar a de Oswald de Andrade ("Minha terra tem Palmares / Onde gorjeia o mar"); a de Murilo Mendes ("Minha terra tem macieiras da Califórnia / Onde cantam gaturamos de Veneza"); a de Mário Quintana ("Minha terra não tem palmeiras... / E em vez de um mero sabiá [...]"); a de Ferreira Gullar ("Minha amada tem palmeiras / Onde cantam passarinhos").

Segue a primeira estrofe de um outro texto que mantém relação intertextual com a "Canção do exílio", de Gonçalves Dias. Trata-se do poema "Migna terra", do livro *La divina increnca*, do paulista Juó Bananére, pseudônimo de Alexandre Ribeiro Marcondes Machado. O nome da obra de Juó Bananére já é uma referência intertextual paródística ao poema *A divina comédia*, de Dante Alighieri.

Migna Terra

Migna terra tê parmeras,
Che ganta inzima o sabiá.
As aves che stó aqui,
Tambê tuttos sabi gorgeá.

BANANÉRE, Juó. *La divina increnca.* São Paulo: Folco Masucci, 1966, p. 14.

Na poesia de Bananére, o efeito paródístico é reforçado, sobretudo, pela linguagem utilizada: uma mistura de português com italiano. Com isso, o poema procura reproduzir a fala dos primeiros imigrantes italianos que se estabeleceram em São Paulo. Atente-se para o fato de que, apesar de usar um código linguístico inusitado, se trata de um texto, na medida em que exerce função comunicativa. Ressalte-se ainda que um texto necessariamente não tem de estar adequado a uma variedade de linguagem prestigiada, podendo inclusive apresentar desvios ortográficos, concorrência de códigos e variedades linguísticas diferentes, uma vez que a aceitabilidade dos textos diz respeito não apenas ao plano formal, mas sobretudo ao plano do sentido.

Seguem mais dois trechos de poemas de Juó Bananére que mantêm relações intertextuais. O primeiro, com o poema "Nel mezzo del camin", de Olavo Bilac, e o segundo, com "As pombas", de Raimundo Correia. Acrescente-se que o poema de Bilac já apresenta uma relação intertextual com *A divina comédia*, de Dante Alighieri, cujo primeiro verso é *"Nel mezzo del camin di nostra vita"*. A propósito, essa expressão, *no meio do caminho*, aparecerá ainda num primeiro verso de conhecido poema de Carlos Drummond Andrade: "No meio do caminho tinha uma pedra".

Amore co amore si paga

Pra Migna Anamurada

Xinguê, xigaste! Vigna afatigada i triste
I triste i afatigada io vigna;
Tu tigna a arma povolada di sogno,
I a arma povolada di sogno io tigna.

BANANÉRE, Juó. *La divina increnca*. São Paulo: Folco Masucci, 1966, p. 17.

> **As pombigna**
>
> P'ru aviadore chi pigó o tombo
>
> Vai a primiéra pombigna dispertada,
> I maise otra vai disposa da primiéra;
> I otra maise, i maise otra, i assi dista maniera,
> Vai s'imbora tutta pombarada.
>
> BANANÉRE, Juó. *La divina increnca*. São Paulo: Folco Masucci, 1966, p. 29.

Pelos exemplos apresentados, pode-se observar que a paródia é característica da intertextualidade implícita. Nesse caso, a leitura do texto comporta uma dupla leitura simultânea; pois, ao mesmo tempo que se lê o texto paródia, na memória do leitor está presente o texto-fonte, ou seja, na leitura da paródia, convivem o texto presente (a paródia) e o texto ausente (o texto-fonte). Numa outra perspectiva, a leitura da paródia requer o reconhecimento por parte do leitor de duas vozes (e de dois pontos de vista, naturalmente) que se entrecruzam: a voz do texto paródia que ressoa conjuntamente com a voz do texto-fonte. Há casos de paródia em que há intertextualidade explícita. Evidentemente, a citação deve estar alterada para que consiga o efeito parodístico. Essa alteração em geral ocorre pelo trocadilho. No capítulo 168 de *Quincas Borba*, temos um exemplo disso.

> E daí quem sabe? – repetiu o Doutor Falcão na manhã seguinte. A noite não apagara a desconfiança do homem. E daí quem sabe? Sim, não seria só simpatia mórbida. Sem conhecer Shakespeare, ele emendou Hamlet: "Há entre o céu e a terra, Horácio, muitas coisas mais do que sonha a vossa vã *filantropia*". Ali andou dedo de amor. E não

> chasqueava nem lastimava nada. Já disse que era céptico; mas, como era também discreto, não transmitiu a ninguém a sua conclusão.
>
> Assis, Machado de. Quincas Borba. *Machado de Assis*: obra completa. Rio de Janeiro: Aguilar, 1979, pp. 783-784.

No caso, o efeito de humor decorre da alteração de uma palavra do intertexto, que é substituída por outra com a qual mantém similaridade fonética e morfológica. Em *Hamlet*, a frase é "Há entre o céu e a terra, Horácio, muitas coisas mais do que sonha a vossa vã filosofia". Como se pode observar, no texto de Machado, é utilizado um recurso gráfico (o itálico) para chamar a atenção de um possível leitor desatento para a troca de palavras. Koch, Bentes e Magalhães (2007) denominam esse tipo de intertextualidade de *détournement*, uma forma de retextualização do texto-fonte pela sua transformação em outro texto. Essas autoras mencionam ainda casos em que há intertextualidade explícita por referência e por alusão. No primeiro caso, se faz menção a personagens de outras obras. Quando a menção é em relação à obra, ocorre alusão. No exemplo do capítulo de *Quincas Borba*, a menção a Hamlet é um caso de intertextualidade explícita por referência. Nesse caso, o Hamlet mencionado não é o nome da obra de Shakespeare, mas a personagem da obra homônima. O mesmo ocorre no texto de *O amanuense Belmiro*, em que a menção é a personagens das obras de Machado de Assis: Sofia, Rubião, Dom Casmurro, Capitu e Escobar.

O intertexto de um texto literário não precisa ser necessariamente outro texto literário, embora seja mais frequente a remissão a textos da mesma área discursiva; pois, como se afirmou, a literatura se alimenta da própria literatura. No cordel "A mulher que vendeu o marido por R$1,99" (ver Texto 2 em "Para trabalhar com seus alunos" do capítulo "O que é literatura"), a referência intertextual se faz com duas letras de canção popular ("Mulheres de Atenas" e "Ai que saudades da Amélia"); no romance de Scliar, com um texto bíblico.

Adam (2011), que em seus estudos articula dois campos de saber – a análise do discurso e a linguística textual –, faz menção à intertextualidade genérica, ou intergenericidade, que ocorre quando um gênero exerce função de outro, como se pode observar no texto a seguir.

Feijoada a minha moda

Amiga Helena Sangirardi,
Conforme um dia eu prometi
Onde, confesso que esqueci,
E embora – perdoe – tão tarde.

(Melhor do que nunca!) este poeta,
Segundo manda a boa ética,
Envia-lhe a receita (poética)
De sua feijoada completa.

Em atenção ao adiantado
Da hora em que abrimos o olho,
O feijão deve, já catado,
Nos esperar, feliz, de molho.

E a cozinheira, por respeito
À nossa mestria na arte
Já deve ter tacado peito,
E preparado e posto à parte

Os elementos componentes
De um saboroso refogado
Tais: cebolas, tomates, dentes
De alho – e o que mais for azado.

> Tudo picado desde cedo,
> De feição a sempre evitar
> Qualquer contato mais... vulgar
> Às nossas nobres mãos de aedo
>
> MORAES, Vinicius de. Feijoada à moda de Vinicius de Moraes. In: SANGIRARDI, Helena B. *Nova alegria de cozinhar*. 6. ed. Rio de Janeiro: Bloch Editores, 1983, p. 300.

 Como classificar esse texto quanto ao gênero? O propósito comunicativo revelado é enviar uma receita de feijoada completa. Trata-se, então, de um texto pertencente ao gênero receita culinária? Mas, como se afirma no texto, o propósito é enviar uma receita poética de feijoada completa. O texto está escrito em versos metrificados, agrupados em estrofes, apresenta rimas. É então um poema? O texto de Vinicius de Moraes mescla dois gêneros, em que o poema toma o lugar de outro (a receita), sobrepondo-se dois domínios discursivos: o discurso literário e o culinário. No campo semântico, *dentes de alho*, *cebolas* e *tomates* convivem com *mãos nobres de aedo*.

 Finalizando, destaco que em textos literários é comum haver uma intertextualidade ligada a estilos de época. É o que se pode observar, por exemplo, entre poemas pertencentes a uma mesma "escola literária" que mantêm entre si características temáticas, formais e retóricas comuns.

PARA TRABALHAR COM SEUS ALUNOS

Atividade 1

Objetivo:
Estabelecer relações de semelhança e de diferença entre o texto 1 e o texto 2. Quanto ao texto de Camões, apontar os recursos que o caracterizam como literário. Levar os alunos a perceber que as estruturas narrativas não são exclusivas de gêneros literários tipicamente narrativos, como o conto, o romance, a novela e a poesia épica, indicando no soneto camoniano elementos narrativos (personagem e fato narrado).

Observações: o texto bíblico serve de intertexto ao soneto camoniano, no entanto, o propósito comunicativo de ambos é diferente. O texto bíblico insere-se num discurso religioso, o texto camoniano insere-se num discurso literário. Camões "reinventa" o texto bíblico, mas com outro propósito, na medida em que o soneto camoniano tem caráter filosófico, pois discute o amor pleno; não há problematização do texto bíblico.

Texto 1

Sete anos de pastor Jacó servia
Labão, pai de Raquel, serrana bela;
Mas não servia ao pai, servia a ela,
Que ela só por prêmio pretendia.

Os dias, na esperança de um só dia,
Passava, contentando-se com vê-la;
Porém o pai, usando de cautela,
Em lugar de Raquel lhe dava Lia.

Vendo o triste pastor que com enganos
Lhe fora assim negada a sua pastora,
Como se a não tivera merecida,

Começa de servir outros sete anos,
Dizendo: – Mais servira, se não fora
Pera tão longo amor tão curta a vida!

CAMÕES, Luís de. *Obra completa*. Rio de Janeiro: Aguilar, 1963, p. 298.

Texto 2

Gênesis 29

Jacó encontra Raquel. 1 Jacó continuou a viagem e chegou à terra dos filhos do Oriente. 2 Viu no campo um poço junto ao qual descansavam três rebanhos, pois ali bebiam água. Havia uma grande pedra na boca do poço. 3 Só quando todos os rebanhos estavam reunidos, é que rolavam a pedra da boca do poço, davam de beber às ovelhas e recolocavam a pedra em seu devido lugar. 4 Jacó lhes perguntou: "De onde sois, irmãos?" – "Somos de Harã", responderam. 5 E Jacó continuou: "Conheceis Labão filho de Nacor?" – "Conhecemos", responderam. 6 "E ele está bem?", continuou perguntando. E disseram: "Sim, está bem. Olha, aí vem sua filha Raquel com as ovelhas". 7 E ele lhes disse: "Ainda é bastante cedo para reunir rebanhos. Por que não dais de beber às ovelhas e não as levais de novo a pastar?" 8 E eles lhe responderam: "Não podemos fazê-lo enquanto não se reunirem todos os rebanhos. Só então removeremos a pedra da boca do poço e daremos de beber às ovelhas". 9 Jacó ainda conversava com eles quando chegou Raquel com o rebanho do pai, pois era pastora. 10 Ao ver Raquel filha de Labão, irmão de sua mãe, e as ovelhas de Labão, irmão de sua mãe, Jacó aproximou-se, removeu a pedra de cima do poço e deu de beber às ovelhas de Labão, irmão de sua mãe. 11 Em seguida beijou Raquel e chorou em voz alta. 12 Contou a Raquel que era sobrinho de seu pai e filho de Rebeca e ela foi correndo contar ao pai. 13 Logo que Labão soube das notícias de Jacó, filho de sua irmã, correu ao encontro dele, abraçou-o e levou para casa. Jacó contou a Labão o que acontecera e 14 Labão lhe disse: "Realmente tu és meu osso e minha carne". E Jacó ficou com Labão durante um mês.

O casamento com Lia e Raquel. 15 Depois Labão disse a Jacó: "Pelo fato de seres meu sobrinho, me servirás de graça? Dize-me qual deve ser o salário". 16 Ora, Labão tinha duas filhas. A mais velha se chamava Lia e a mais nova Raquel. 17 Lia tinha um olhar meigo, mas Raquel era muito esbelta e formosa. 18 Jacó ficou enamorado de Raquel e disse a Labão: "Eu te servirei sete anos por Raquel, tua filha mais nova". 19 Labão respondeu: "É melhor confiá-la a ti do que entregá-la a um estranho. Fica comigo". 20 Jacó serviu por Raquel sete anos, que lhe pareceram dias, tanto era o amor por ela. 21 Jacó disse a Labão: "Dá-me minha mulher, pois completou-se o tempo e quero viver com ela". 22 Labão reuniu todos os homens do lugar e deu um banquete. 23 Chegada a tarde, porém, tomou a filha Lia e levou-a a Jacó, que dormiu com ela. 24 (Labão deu à filha Lia a escrava Zelfa, para lhe servir de criada). 25 Ao amanhecer, Jacó viu que era Lia e disse a Labão: "Por que fizeste isso comigo? Não te servi por Raquel? Por que me enganaste?" 26 E Labão respondeu: "Não é costume em nosso lugar dar a filha mais nova antes da mais velha. 27 Termina esta semana de festa e depois te será dada também a outra pelo serviço que me prestarás durante outros sete anos". 28 Assim o fez Jacó. Completada a semana, Labão deu-lhe por mulher a filha Raquel, 29 e com ela a escrava Bala para servi-la como criada. 30 Jacó se uniu também a Raquel e amou Raquel mais do que Lia. Por ela serviu mais sete anos.

Deus dá filhos a Jacó. 31 Vendo o Senhor que Lia era desprezada, tornou-a fecunda ao passo que Raquel permaneceu estéril. 32 Lia concebeu e deu à luz um filho, a quem chamou de Rúben, pois dizia: "Agora que o Senhor olhou para minha aflição, meu marido me amará". 33 Concebeu de novo e deu à luz outro filho, dizendo: "O Senhor ouviu que era desprezada e deu-me mais este". E deu-lhe o nome de Simeão. 34 Concebeu outra vez e deu à luz um filho e disse: "Desta vez meu marido se apegará a mim, pois lhe dei três filhos". Por isso o chamou Levi. 35 Concebeu novamente e deu à luz um filho, dizendo: "Agora sim, posso louvar o Senhor". Por isso o chamou Judá. E parou de ter filhos.

Bíblia Online. Disponível em: <http://www.bibliaonline.net>. Acesso em: 28 jan. 2013.

Atividade 2

Objetivo:

Levar os alunos a perceber que a verossimilhança diz respeito à organização interna do texto e não necessariamente a uma adequação deste a uma realidade física, material, concreta. As narrativas míticas devem ser entendidas em referência a uma realidade mítica, criada pela palavra. Portanto, considerado sob o prisma do conhecimento mítico, é verossímil que alguém que sequer existiu (Ulisses) tenha fundado uma cidade. O ato fundador da realidade mítica é a elocução do *logos* (a palavra).

A palavra *mito* provém do grego (*mythos*) e tem o sentido de narrativa, fábula. Segundo Chauí (2009: 148) "[...] os mitos são mais do que uma simples narrativa; são a maneira pela qual, através das palavras, os seres humanos organizam a realidade e a interpretam". Ainda segundo essa autora "o mito tem o poder de fazer com que as coisas sejam tais como são ditas ou pronunciadas". Retome o poema "Ulisses", de Fernando Pessoa, presente neste capítulo e peça aos alunos para responder a questão que segue.

A narrativa do poema que relata que a cidade de Lisboa foi fundada pela personagem do poema homérico *Odisseia* é verossímil? Justifique sua resposta.

Atividade 3

Objetivo:

Identificar no texto as expressões nominais referentes a Floriano Peixoto, justificando o porquê da escolha lexical na caracterização da personagem.

Observação: As expressões que se referem a Floriano Peixoto, além de Marechal, que era sua patente, são ditador, califa, cã e emir, que têm a finalidade de caracterizar o Marechal como não democrático e autoritário.

> Uma chusma de oficiais subalternos e cadetes cercou o ditador e a sua atenção convergiu para eles. Não se ouvia o que diziam. Falavam ao ouvido de Floriano, cochichavam, batiam-lhe nas espáduas. O marechal quase não falava: movia com a cabeça ou pronunciava um monossílabo, coisa que Quaresma percebia pela articulação dos lábios.
> Começaram a sair. Apertavam a mão do ditador e um deles, mais jovial, mais familiar, ao despedir-se, apertou-lhe com força a mão mole, bateu-lhe no ombro com intimidade, e disse alto e com ênfase:
> – Energia, marechal!
> Aquilo tudo parecia tão natural, normal, tendo entrado no novo cerimonial da República, que ninguém, nem o próprio Floriano, teve a mínima surpresa, ao contrário alguns até sorriram alegres por ver o califa, o cã, o emir, transmitir um pouco do que tinha de sagrado ao subalterno desabusado.
>
> BARRETO, Lima. *Triste fim de Policarpo Quaresma.* São Paulo: Penguin, 2011, p. 271.

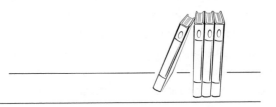

Gêneros literários

A questão dos gêneros está na ordem do dia. A partir dos estudos de Bakhtin (2000), os gêneros do discurso passaram a ser ainda mais objeto de diversos estudos e pesquisas cujos resultados logo se fizeram sentir em situações de ensino. A recomendação dos PCNs é que o ensino de língua seja pautado pelos gêneros, uma vez que o uso efetivo da língua requer o conhecimento das características próprias de cada gênero, como atesta o trecho a seguir: "Todo texto se organiza dentro de determinado gênero em função das intenções comunicativas, como parte das condições de produção dos discursos, as quais geram usos sociais que os determinam" (Brasil, 1998: 22).

A interação verbal é marcada por propósitos comunicativos. Os falantes utilizam a língua com as finalidades mais diversas: informar, persuadir, pedir, ordenar, divertir etc. Dependendo do propósito comunicativo, recorrem a formas relativamente estruturadas. Exemplifico. Quando alguém transmitir a outrem como se faz bolo de fubá, recorre a um modelo de texto social e historicamente existente: a receita culinária. Essas formas de texto relativamente estáveis pelas quais interagimos a fim de atingir os mais diversos propósitos comunicativos recebem o nome de gêneros do discurso; como exemplos pode-se citar: a carta, o requerimento, o bilhete, o editorial, o anúncio, a resenha, o romance, o conto, a novela, o poema etc. Como "a variedade virtual da atividade humana é inesgotável" (Bakhtin, 2000: 279), a variedade e riqueza de gêneros é infinita: gêneros novos surgem para atender novos propósitos comunicativos, como o email, o blog, o tuíte. Alguns gêneros são típicos da linguagem escrita (o romance, por exemplo); outros da linguagem oral (o telefonema, por exemplo), e há gêneros que podem aparecer nas duas modalidades de linguagem (a piada, por exemplo). Bakhtin (2000) nos fala que os gêneros estão relacionados a "esferas da atividade humana", o que significa que derivam de instâncias do discurso: discurso jurídico, discurso religioso, discurso político etc.

O estudo dos gêneros não é recente, remontando aos filósofos gregos Platão, em *A República*, e Aristóteles, na *Poética*. Antes de Bakhtin, o estudo dos gêneros era restrito à esfera literária e era visto sob o ponto de vista de formas linguísticas e não como práticas discursivas, ou seja, os gêneros eram modelos a serem imitados, por isso, como se viu no capítulo anterior, *Os lusíadas* retoma a *Eneida*, que retoma a *Odisseia*. Não há plágio, já que uma epopeia deveria necessariamente imitar um modelo.

Uma das contribuições de Bakhtin foi mostrar que os gêneros estão presentes em todas as esferas de comunicação, e não apenas na literária, e que são formas de ação social e não simples modelos linguísticos a serem imitados. Para esse estudioso, os gêneros (orais ou escritos) são formas relativamente estáveis de enunciados e apresentam três características: conteúdo temático (conjunto de temas que podem ser abordados pelo gênero), estrutura composicional (forma como o texto é organizado) e estilo (procedimentos linguísticos utilizados). Bakhtin distingue ainda os gêneros primários, aqueles que correspondem às formas de utilização da linguagem em situações ligadas às esferas de atividades humanas cotidianas, como o diálogo, e os secundários, caracterizados por uma produção discursiva mais elaborada, aparecendo, normalmente na forma escrita, em situações de comunicação mais complexas. Os gêneros literários são exemplos de gêneros secundários. Neste livro, a abordagem dos gêneros está restrita à esfera literária e, mesmo assim, àqueles de maior circulação nos dias atuais: o poema, o conto, o romance, a novela e a crônica. Ressalte-se que é comum na esfera literária haver a indicação do gênero no paratexto da obra.

> Chamamos de *paratexto* o conjunto de informações que acompanham uma obra escrita e informam sobre ela, como o nome do autor, o título, o ano de publicação etc., como em *Contos de Fulano de Tal*, as palavras *romance, conto, novela, poesias* acompanhando o título. Como os livros publicados no Brasil devem conter a ficha catalográfica, a indicação do gênero costuma vir explicitada nessa ficha.

Classificação dos gêneros literários

A tendência de agrupar os textos literários em classes remonta à Antiguidade. A primeira classificação que se conhece na cultura ocidental remonta a Platão, que em sua obra *A República*, faz menção à comédia, à tragédia, à epopeia e ao ditirambo, composição poética em louvor ao deus grego Dioniso.

Também na Antiguidade grega, Aristóteles propõe uma classificação dos gêneros literários observada até hoje. Para esse filósofo, os gêneros literários devem ser classificados de acordo com sua função estética. Para entender a classificação aristotélica, temos primeiro de nos debruçar num conceito fundamental: o de **mímesis**. Em termos mais gerais, a palavra *mímesis* designa imitação, representação. Para Platão, a arte era imitação (representação) das coisas, que, por sua vez, eram imitação das ideias. Para Aristóteles, os gêneros literários seriam formas de imitação (representação) e variariam em função do objeto, do modo e do meio.

PARA SABER MAIS!

Miguel de Cervantes, em sua obra *Dom Quixote*, cuja primeira edição é de 1605, já chamava a atenção de que a obra literária deveria ser verossímil, como se pode observar pelo trecho a seguir. "As fábulas mentirosas têm de casar-se com o entendimento dos que a lerem, escrevendo-se de maneira que facilitem os impossíveis, aplainem as grandezas, surpreendam os ânimos, causando-lhes admiração, suspensão, alvoroço e entretenimento tais, que andem no mesmo passo a admiração e a alegria juntas. E todas essas coisas, não as poderá fazer quem fugir da verossimilhança e da imitação, nas quais consiste a perfeição do que se escreve." (2002: 200)

Quanto ao objeto, arte pode representar os homens melhores, piores ou iguais a nós. Para Aristóteles, na epopeia e na tragédia, os homens são representados melhores do que um modelo (os homens comuns). A comédia, pelo contrário, representa o homem pior do que os homens comuns, sendo a representação dos maus costumes, particularmente do ridículo. Ao falar em melhores ou piores que um modelo, Aristóteles ressalta que os seres representados pela arte (seres ficcionais) têm características éticas como os seres reais. Se levarmos em conta o modo como ocorre a representação, temos a narração (*diegesis*), que é o relato da ação, e o drama, forma de representação que coloca as personagens em ação diante de nós.

Aristóteles fala ainda que a imitação pode também variar segundo o meio, dependendo da forma como o verso é utilizado. Para esse filósofo, a mímesis tem como componente estrutural a verossimilhança, isto é, a imitação deve parecer verdadeira. Para isso, deve resultar da harmonia e do encadeamento lógico das partes, o que não impede que retrate acontecimentos fantásticos.

A verossimilhança diz respeito, pois, à organização interna da obra, equivalendo aproximadamente ao que se denomina atualmente por coerência. Em sua *Poética*, Aristóteles faz referência explícita a três gêneros: o épico, o trágico e o cômico. O texto da *Poética*, considerado o marco da teoria literária ocidental, não é muito claro, pois chegou até nós com várias lacunas, por isso os estudiosos costumam apresentar uma divisão simplificada dos gêneros literários, classificando-os em lírico, épico e dramático. Essa classificação tem a vantagem de apresentar os gêneros literários com base na intencionalidade do produtor.

> No contexto da *Poética*, de Aristóteles, o épico corresponde à narrativa metrificada, como ocorre na *Ilíada* e na *Odisseia*, de Homero. O trágico consiste na representação de ações humanas de caráter elevado, visando à catarse, isto é, a purificação das emoções, como faz Sófocles em *Édipo Rei* e *Antígona*. O cômico consiste na imitação de maus costumes, de vícios, do ridículo, visando provocar o riso, como faz Aristófanes em *As nuvens* e *As rãs*.

No lírico, a intenção é expressar o eu individual; no épico, narrar; no dramático, representar. Essa classificação também pode apresentar problemas, pois agrupa em gêneros coisas bastante heterogêneas. O romance, por exemplo, segundo essa classificação, pertence ao gênero épico, o que significa dizer que obras bastante diferentes como *Memórias póstumas de Brás Cubas* e *Os lusíadas* pertencem ao mesmo gênero. Uma subclassificação dos gêneros literários quanto à estrutura composicional tem o condão de resolver esse problema, denominando a obra de Machado de Assis como romance e a de Camões como poema épico (*poema* porque está escrito em versos; *épico* porque narra ações memoráveis) ou epopeia. Mesmo uma mesma subclassificação pode abarcar obras bastante diferentes, por isso costuma-se desmembrar uma subclasse em tipos. O romance, por exemplo, pode ser policial, de aventura, psicológico, histórico, de costumes etc. O conto pode ser fantástico, de fadas, de terror, de mistério etc. Mesmo usando uma classificação em que se enquadram as obras em subtipos, o problema da classificação dos gêneros ainda continua, pois se chama de gênero formas de expressão (lírica, épica e dramática) e também o produto resultante dessas formas de expressão (o conto, o romance, a poesia etc.).

O termo *gênero literário* é empregado para designar as categorias historicamente definidas, como o romance, o conto, a epopeia, a novela etc., e modo literário é utilizado para designar as categorias meta-históricas (lírico, épico, e dramático), que representam potencialidades discursivas atualizáveis em textos pertencentes a um gênero. Assim, o romance e a epopeia seriam gêneros literários do modo épico; a tragédia e a comédia, do modo dramático; o soneto e a ode, do modo lírico. O fundamental é que se encare a questão dos gêneros literários não como uma tipologia fechada, já que a classificação de uma obra num determinado gênero não deve levar em conta apenas os aspectos imanentes da obra, mas também sua função social, valores culturais e os horizontes de expectativas do receptor, que guiará a leitura. Pode ocorrer a interpenetração de gêneros e, do ponto de vista estilístico, podemos ter em textos épicos ou dramáticos trechos líricos (vide o episódio de Inês de Castro, um texto lírico dentro de *Os lusíadas*, um texto épico) e poemas líricos que são declamados nas peças teatrais (como em *Calabar: o elogio da traição*, de Chico Buarque e Ruy Guerra). Os gêneros historicamente podem desaparecer, metamorfosear-se, marginalizar-se etc.; enfim, o sistema de gêneros é aberto, uma vez que está conexionado ao sistema histórico-social. Tanto os gêneros quanto os modos literários são convenções de natureza social armazenadas na memória e que fazem parte da competência textual, ou seja, é esse conhecimento que possibilita ao autor produzir um texto literário e ao leitor compreendê-lo.

O gênero lírico

O adjetivo *lírico* provém de lira, instrumento musical de cordas. O nome lírico se explica em razão de esse gênero, originalmente, ser cantado tendo por acompanhamento o som produzido por instrumentos musicais como a flauta e a lira. O gênero lírico costuma estar centrado no individual, por isso tende a se voltar para a subjetividade, para a emoção, para o sensível. Quem fala no poema, por meio de versos, é um eu individualizado, por isso mesmo chamado de *eu lírico*, que, como o narrador nos romances, contos e novelas, não deve ser confundido com o autor empírico. Há casos em que a poesia lírica não está voltada para o subjetivo, mas para a realidade objetiva, e outros em que trata da passagem da objetividade para a subjetividade. Mesmo quando deixaram de ser acompanhados por instrumentos musicais, os poemas líricos mantiveram o aspecto musical, reforçado pelo uso de recursos sonoros, como o ritmo, a métrica, as rimas, o refrão etc. Os poemas líricos podem se apresentar em várias formas, fixas ou livres. São exemplos de formas fixas o soneto e o rondó. O texto a seguir exemplifica um poema lírico em forma fixa.

> Soneto é uma composição poética com 14 versos distribuídos em 2 quartetos e 2 tercetos. Neste livro, são apresentados alguns exemplos de soneto, como o poema "Psicologia de um vencido", de Augusto dos Anjos, comentado neste capítulo, e os poemas de Camões, "Amor é um fogo que arde sem se ver" e "Sete anos de pastor Jacó servia".
>
> Rondó é um poema de forma fixa que apresenta 13 versos octossílabos ou decassílabos distribuídos em 3 estrofes, sendo 2 quadras seguidas de 1 quintilha. Os 2 primeiros versos da primeira quadra se repetem no final da segunda, e o primeiro verso da quadra inicial se repete no fecho da quintilha –, um exemplo é o "Rondó dos cavalinhos", de Manuel Bandeira.

Psicologia de um vencido

Eu, filho do carbono e do amoníaco,
Monstro de escuridão e rutilância
Sofro, desde a epigênesis da infância,
A influência má dos signos do zodíaco.

Profundissimamente hipocondríaco,
Este ambiente me causa repugnância...
Sobe-me à boca uma ânsia análoga à ânsia
Que se escapa da boca de um cardíaco.

Já o verme – este operário das ruínas –
Que o sangue podre das carnificinas
Come, e à vida em geral declara guerra,

Anda a espreitar meus olhos para roê-los,
E há-de deixar-me apenas os cabelos,
Na frialdade inorgânica da terra!

ANJOS, Augusto dos. *Eu*: outras poesias. 31. ed. Rio de Janeiro: Livraria São José, 1971, p. 60.

Escolhi esse soneto de Augusto dos Anjos como exemplo de gênero lírico a fim de deixar claro que o que caracteriza esse gênero não é a temática, nem a linguagem, mas a postura do *eu* frente ao tema, ou seja, em tese, qualquer tema pode ser objeto do gênero lírico, desde que a expressão desse tema decorra de uma visão subjetiva que tenha por centro o eu que fala no poema. No caso do poema de Augusto dos Anjos, o vocabulário com termos pouco comuns na linguagem poética expressa o mistério humano frente às forças universais.

A poesia

Os gêneros literários podem se manifestar em prosa, isto é, ser expressos sem metrificação e ritmo regular, como o conto, o romance e a novela, ou em versos, como a poesia. Os versos podem apresentar <u>metrificação regular</u> ou não, e também podem apresentar ou não <u>rimas</u>. Etimologicamente, *poesia* designa o ato de criar, de fazer, e poema, o produto do fazer poético. Atualmente, essas palavras têm sido usadas como sinônimas, de sorte que podemos falar em um livro de poemas ou em um livro de poesias. Embora haja formas fixas de poesia, não é a forma que determina se um texto é poético. Se a poesia não precisa apresentar necessariamente uma forma fixa, metro e rima, o que caracteriza um texto como poesia? A primeira característica já foi apresentada: trata-se de uma manifestação literária em versos, subdivisão da poesia que coincide com o final da linha, mas não necessariamente com o final da frase; portanto, um poema terá tantos versos quantas linhas tiver. Um soneto tem 14 versos; *Os lusíadas*, 8.816; *A divina comédia*, 14.233. Os versos podem ou não estar agrupados em estrofes: um soneto tem 4 estrofes (2 quartetos e 2 tercetos); *Os lusíadas* tem 1.102 estrofes, cada uma com 8 versos.

O fato de um poema ser escrito em versos exerce uma função <u>semiótica</u> importante; pois o leitor, ao abrir o livro, pela própria disposição gráfica do texto na mancha tipográfica do papel, ou pela sua disposição na tela de um computador, identifica de pronto o texto como sendo uma

---

Na *metrificação regular*, todos os versos do poema têm o mesmo número de sílabas métricas. Os sonetos "Psicologia de um vencido" e "Amor é um fogo que arde sem se ver" são exemplos de poemas que apresentam versos metrificados, pois todos os versos desses poemas são decassílabos, isto é, possuem dez sílabas métricas.

Rima é a identidade de sons, geralmente no final de versos de um poema, como no exemplo a seguir, em que o primeiro verso rima com o quarto e o segundo, com o terceiro:

"Sete anos de pastor Jacó servia
Labão, pai de Raquel, serrana bela;
Mas não servia ao pai, servia a ela,
Que ela só por prêmio pretendia."

A *semiótica* pode ser definida como uma teoria geral da produção social dos significados com base em signos, sejam eles verbais ou não. Portanto a semiótica abrange o estudo das mais diversas formas de texto: o verbal, o cinematográfico, a moda, os mitos, a dança, a pintura...

poesia. Evidentemente, essa antecipação pode não se confirmar, já que o texto pode ter a forma de um poema e não se configurar como tal. O uso dos recursos tipográficos na poesia foi levado ao extremo pela poesia concreta, em que a disposição gráfica do texto na página passa a ter função significante.

O fato de um texto ser escrito em versos e de apresentar rimas, como se disse, não é critério suficiente para classificá-lo como poesia (basta lembrar que "batatinha quando nasce" é um texto em versos rimados!). Então qual o critério necessário e suficiente para se classificar um texto como poesia? A pergunta não é fácil de ser respondida. Afirmei neste livro que os critérios de literário e de belo não são absolutos, pois estão ligados a juízos de valor, embora possa haver consenso sobre a natureza artística de algumas obras. Para responder a essa questão, é preciso voltar a um conceito já exposto: o de gênero lírico; pois, excetuando a epopeia, a poesia pertence ao gênero lírico, que, como se viu, está centrado no individual, na emoção, na subjetividade. Mesmo quando se volta para a realidade objetiva, a poesia a vê subjetivamente, ou seja, o eu apreende a realidade objetiva e a expressa subjetivamente, ou, como afirma Aguiar e Silva (2011: 584), "o acontecimento exterior, quando está presente num texto lírico, permanece sempre literalmente como um pretexto em relação à estrutura e ao significado desse texto [...]". Em outros termos, pode-se dizer que o que caracteriza a poesia é uma forma de enunciação denominada lírica. Ao contrário dos gêneros em prosa (romance, novela, conto), na poesia lírica não há a presença de um narrador, mas de um eu individualizado que fala no poema, chamado propriamente de *eu lírico*. Também na poesia lírica não há temporalidade, não há um antes nem um depois, pois não se conta uma história como nas formas narrativas, daí seu caráter estático.

Voltando ao soneto de Augusto dos Anjos, pode-se observar que: a) centra-se no individual ("Eu, filho do carbono e do amoníaco"); b) não há um relato de fatos que se sucedem no tempo. Isso não significa que não se possam encontrar estruturas narrativas na poesia lírica. Como se viu, o soneto camoniano "Sete anos de pastor Jacó servia" narra um acontecimento. Se considerarmos o poema lírico um macroato de fala virtual (virtual porque não se trata de um ato de fala que corresponda ao mundo empírico, mas ao mundo construído pelo texto literário), sua força ilocucionária não se encontra no narrar. Ao contrário das formas narrativas que representam a realidade sob o ângulo da *práxis*, isto é, do fazer humano, a poesia representa a realidade a partir do *phatos*, isto é, do sentir.

A linguagem da poesia tem uma configuração especial, o que a torna intraduzível. Volto ao soneto de Camões "Amor é um fogo que arde sem se ver" e ao texto de Mira y López (no item "Literatura e literariedade" do capítulo "O que é literatura"). Ambos, como se viu, abordam o mesmo tema: o amor. Mas, enquanto se pode dizer a um interlocutor o que Mira y López diz, usando outra forma de linguagem verbal, não se consegue reproduzir o que Camões diz, a não ser dizendo-o da mesma forma como ele disse; ou seja, enquanto o texto de Mira y López é traduzível, o soneto camoniano é intraduzível. Lendo o texto de Camões, participamos com o poeta do que ele sentiu e viveu em relação ao amor. Participar, etimologicamente, significa fazer com que os outros tomem parte do que está dentro de nós. No texto de Mira y López não há o objetivo da participação, pois ele não exprime o que sentiu ou viveu, mas o que conhece objetivamente. A linguagem de Camões fala ao sensível; a de Mira y López ao inteligível.

Quanto ao poema de Augusto de Anjos, seria possível exprimi-lo em outra linguagem, trocando, por exemplo, as palavras "não poéticas" por outras? Parece claro que não, pois o que se obteria seria qualquer coisa, menos o poema "Psicologia de um vencido", já que esse só existe naquela conformação textual.

Quando se diz que a poesia é intraduzível, não se está afirmando que ela não possa ser traduzida para outra língua (embora isso seja verdade), mas que ela é intraduzível mesmo dentro da própria língua. Isso porque na poesia a linguagem verbal está associada ao ritmo, à sonoridade das palavras e às imagens sugeridas por elas. Se a poesia é intraduzível dentro da própria língua, *a fortiori*, ela o será de uma língua a outra. Um poema como "O corvo" ("The Raven"), de Edgar Allan Poe, explora o caráter significativo de fonemas que lembram o crocitar de um corvo. Ao final de várias estrofes, repete-se o enunciado "*never more*", que traduzido para o português ("nunca mais"), não tem o mesmo efeito de sentido do que a expressão original. Experimente repetir várias vezes as expressões "*never more*" e "nunca mais" e verificará que "*never more*", ao contrário, de "nunca mais", imita o crocitar do corvo. Some-se a isso que, no poema, *more* rima com *door, floor, implore, explore, shore, before, Lenore* (o nome da amada do poeta). Atente ainda que os fonemas consonantais de "raven" são os mesmos de "never", ao contrário (r-v-n/n-v-r).

PARA SABER MAIS!

Na gravação da canção "Velha roupa colorida", de Belchior, Elis Regina repete as palavras *raven* e *never* várias vezes, a fim de destacar seu caráter onomatopaico, o que não aconteceria se repetisse os equivalentes em português (corvo e nunca).
"Como Poe, poeta louco americano,
Eu pergunto ao passarinho: "Black bird, o que se faz?"
Raven never raven never raven
Black bird me responde
Tudo já ficou pra trás
Raven never raven never raven
Assum-preto me responde
O passado nunca mais"

Pode-se agora tentar responder a uma outra questão: Como a linguagem da poesia consegue atingir o sensível? Em primeiro lugar pelo ritmo. Se a poesia pode prescindir de rima e metro, não há poesia se não houver ritmo, isto é, as palavras na poesia não são apenas unidades de significado, são também unidades melódicas, por isso é mais fácil memorizar um poema do que um texto em prosa.

O ritmo é inerente ao verso, seja ele metrificado ou não, e está ligado ao tempo, de sorte que o que confere ritmo à poesia é a forma com que as palavras sucedem no tempo e sua percepção se dá auditivamente; portanto, duas palavras definem ritmo: *temporalidade* e *sonoridade*. Pelo ritmo, alguns elementos do verso são destacados.

Falei anteriormente em protocolos de leitura, conjunto de procedimentos mobilizados na leitura de um texto. Na leitura de poesia, um dos procedimentos essenciais é o leitor identificar o ritmo dos versos, e não ficar restrito apenas aos aspectos semânticos do texto. É preciso, pois, olhar a poesia como objeto semiótico em que se conjugam o verbal, o sonoro e, em alguns casos, até o visual. No nível sonoro, além do ritmo, há que se destacar o papel exercido pelas chamadas figuras fônicas, rimas, aliterações, assonâncias, paronomásias. Evidentemente, essas figuras não

> *Aliteração* é a repetição ordenada de um mesmo som consonantal: "A fome quando **f**erra nos **f**az **f**eras" (Mia Couto).
> *Assonância* é a repetição ordenada de mesmos sons vocálicos: "[...] **o** que **o** vag**o** e incógnit**o** desej**o** /de ser eu mesm**o** de meu ser me deu." (Fernando Pessoa). A *paronomásia* consiste na aproximação de palavras de sons parecidos, mas de significados distintos: "Aquela **cativa**/ que me tem **cativo** /porque nela **vivo**/ já não quer que **viva**" (Camões). Ressalte-se que a ocorrência de uma dessas figuras num texto não exclui a possibilidade de outras, ou seja, podem-se encontrar textos em que foram trabalhadas, ao mesmo tempo, aliteração, assonância e paronomásia.

devem ser vistas apenas como recursos sonoros, pois elas também são responsáveis pela progressão textual, à medida que estabelecem entre segmentos textuais, os versos, por exemplo, relações semânticas e/ou pragmático-discursivas.

O gênero épico

O que caracteriza o gênero épico é o fato de contar algo em prosa ou verso, por isso se trata de um gênero essencialmente narrativo. A presença de um narrador é condição essencial do gênero épico. O narrador é o autor da obra? Nas narrativas ficcionais, não. O autor é o sujeito empírico, ou seja, o indivíduo biológico com responsabilidades jurídicas e sociais cujo nome (ou pseudônimo) aparece na capa e/ou no frontispício da obra (Graciliano Ramos, Guimarães Rosa, José Saramago, Marques Rabelo), a quem cabe a autoria em todas as suas instâncias, quer a direitos, quer a deveres. Em sua atividade, o autor empírico, entidade real, é o responsável pelas estratégias discursivas: escolha de um autor textual, do(s) narrador(es), do gênero, do tema, das personagens etc.

O autor textual é o enunciador no texto literário e pode delegar a função de enunciador a um ou mais de um narrador. No caso das narrativas com narrador não explicitado, este se confunde com o autor textual. Como essas entidades são ontologicamente distintas, pode haver entre elas distâncias, particularmente de natureza ideológica, de onde não se pode julgar o autor empírico pelo autor textual. Lembre-se ainda de que, quando o autor textual se manifesta no texto por um *eu* que fala no enunciado, ao apropriar-se do aparelho formal da língua, ele constitui um *tu* (o narratário) e instaura um sistema de coordenadas espaçotemporais que serão manifestadas linguisticamente pelos dêiticos e tempos verbais.

No texto literário, os dêiticos não estão relacionados ao mundo factual, mas ao mundo construído pela narrativa, já que a linguagem literária refere-se a um mundo construído pelo texto. Em "O barco da morte", de D. W. Lawrence, o dêitico *agora*, que inicia o poema ("Agora é outono e os frutos caem / e há uma longa jornada para o esquecimento"), não deve ser entendido como o momento em que o poeta escreveu o verso, mas como um tempo ficcional. O poema não necessariamente foi escrito no outono, os frutos podiam não estar caindo. Assim como o eu que fala no poema é ficcional, todo esse enunciado deve ser lido como ficcional. O texto a seguir é o início do capítulo XLV de *Dom Casmurro* e serve como exemplo para esclarecer a distinção entre autor e narrador.

> Abane a cabeça, leitor; faça todos os gestos de incredulidade. Chegue a deitar fora este livro, se o tédio já o não obrigou a isso antes; tudo é possível. Mas, se o não fez antes e só agora, fio que torne a pegar do livro e que o abra na mesma página, sem crer por isso na veracidade do autor. Todavia, não há nada mais exato. Foi assim mesmo que Capitu falou, com tais palavras e maneiras. Falou do primeiro filho, como se fosse a primeira boneca.
>
> ASSIS, Machado de. Dom Casmurro. *Machado de Assis*: obra completa. Rio de Janeiro: Aguilar, 1979, p. 858.

O autor de *Dom Casmurro* é o escritor brasileiro Machado de Assis, mas quem narra é Bentinho, o Dom Casmurro. Como o trecho anterior é um enunciado narrativo-ficcional, a palavra *autor* não se refere evidentemente ao autor empírico, Machado de Assis, mas ao autor ficcional, que é o mesmo que no início da obra afirma: "Agora que expliquei o título passo a escrever o livro." Por uma estratégia narrativa, quem escreve o livro é uma entidade ficcional, Bentinho, e não Machado de Assis.

O gênero épico apresenta três elementos substanciais: personagem, evento e espaço, além do que, toda a narrativa se desenrola no tempo, ou seja, há sempre um antes e um depois. As narrativas podem estar centradas no evento, por exemplo: a *Ilíada*, focada na cólera de Aquiles; *Os sertões*, na campanha de Canudos; o conto "O peru de Natal", de Mário de Andrade, numa ceia em família na noite de Natal; e "Famigerado", de Guimarães Rosa, centrado no sentido da palavra que dá título ao conto. Outras narrativas centram-se na personagem, como o poema épico *Odisseia*, centrado na figura de Ulisses (Odisseu); e os romances *Memórias Póstumas de Brás Cubas*, de Machado de Assis, e *Mrs. Dalloway*, de Virgínia Woolf, o conto "Gaetaninho", de António de Alcântara Machado, centrados nas personagens que dão título às obras. Há também narrativas centradas no espaço, como em *A divina comédia*, de Dante Alighieri, e *O cortiço*, de Aluísio de Azevedo.

Sob o gênero épico, abrigam-se produções literárias das mais diversas, indo dos poemas épicos da Antiguidade (*Odisseia, Ilíada, Eneida*) até o romance moderno, considerado por alguns estudiosos uma transmutação da poesia épica, que é a narração de feitos de homens valorosos.

Ao contrário do que ocorre com o gênero lírico, que se apresenta como uma unidade indissolúvel, o épico admite fragmentação em partes menores. O romance e a novela podem apresentar capítulos (o episódio dos moinhos de vento em *Dom Quixote*, por exemplo); um poema épico, episódios em torno de um determinado acontecimento (o canto das sereias na *Odisseia*, o Gigante Adamastor em *Os lusíadas*). Enquadram-se também no gênero épico outras formas de narrativa, como a novela, o conto, a fábula.

Como as formas que o épico pode assumir são várias, apresento dois trechos ilustrativos de obras de tipos diferentes: um trecho do poema *A divina comédia*, de Dante Alighieri, e um do *Livro das mil e uma noites*, de autor(es) desconhecido(s).

CANTO I

O poeta se surpreende numa selva escura, e dela não consegue sair, impedido por uma pantera, um leão e uma loba; subitamente, avista um vulto, a quem pede socorro, e vê tratar-se da sombra de Virgílio.

A meio do caminho desta vida
achei-me a errar por uma selva escura,
longe da boa via, então perdida.

Ah! Mostrar qual a vi é empresa dura,
essa selva selvagem, densa e forte,
que ao relembrá-la a mente se tortura!

Ela era amarga, quase como a morte!
Para falar do bem que ali achei,
de outras coisas direi, de vária sorte,

que se passaram. Como entrei, não sei;
era cheio de sono àquele instante
em que da estrada real me desviei.

Chegando ao pé de uma colina, adiante,
lá onde a triste landa era acabada,
que me enchera de horror o peito arfante,

olhei para o alto e vi iluminada
a sua encosta aos raios do planeta
que a todos mostra o rumo de cada estrada.

ALIGHIERI, Dante. *A divina comédia.* 7. ed. Belo Horizonte: Vila Rica, 1991, pp. 101-102.

Livro das mil e uma noites

Disse o autor: conta-se – mas Deus conhece mais o que já é ausência, e é mais sábio quanto ao que, nas crônicas dos povos, passou, se distanciou e desapareceu – que havia em tempos remotos, no reino sassânida, nas penínsulas da Índia e da Indochina, dois reis irmãos, o maior chamado Sahriyar e o menor, Sahzaman. O mais velho, Sahriyar, era um cavaleiro poderoso, um bravo campeão que não deixava apagar-se o fogo de sua vingança, a qual jamais tardava. Do país, dominou as regiões mais recônditas, e, dos súditos, os mais renitentes.

> E, depois de assenhorear-se do país e dos súditos, entronizou como sultão, no governo da terra de Samarcanda, seu irmão, Sahzaman, que por lá se estabeleceu, ao passo que ele próprio se estabelecia na Índia e na Indochina.
> Tal situação se prolongou por dez anos, ao cabo dos quais Sahriyar, saudoso do irmão, mandou atrás dele seu vizir – o qual tinha duas filhas, uma chamada Sahrazad, e a outra, Dinarzad. O rei determinou a esse vizir que fosse até Sahzaman e se apresentasse a ele. Assim, o vizir muniu-se dos apetrechos necessários e viajou durante dias e noites até chegar a Samarcanda.
>
> *Livro das mil e uma noites.* 2. ed. São Paulo: Globo, 2005, v. I, p. 39.

Os textos têm em comum o fato de serem constituídos por sequências narrativas, portanto enquadráveis no gênero épico. Quanto às diferenças, o primeiro é escrito em versos; o segundo, em prosa. No primeiro, o narrador faz parte da história narrada; no segundo, não faz parte. Evidentemente, restringi-me a apresentar apenas as diferenças relativas à estrutura composicional, deixando de lado diferenças quanto a tema e estilo.

O gênero dramático

O adjetivo dramático provém da palavra grega *drama*, que significa ação. Para Aristóteles, o gênero dramático se caracteriza pelas personagens em ação diante do público, por isso esse gênero tem todas as características para ser representado. Os dramas podem ser escritos tanto em verso quanto em prosa e neles predominam as sequências dialogais. Na Antiguidade e na Idade Média, predominaram as representações em verso, hoje é mais comum as em prosa. O trecho a seguir, extraído do primeiro ato de *Hamlet*, de William Shakespeare, em que Hamlet, filho do falecido rei e sobrinho do atual rei da Dinamarca, dialoga com seu amigo Horácio, é um exemplo de texto dramático.

HORÁCIO: Senhor – eu vim pra assistir aos funerais de seu pai.
HAMLET: Ou seja: veio assistir aos esponsais de minha mãe.
HORÁCIO: É verdade, senhor; foram logo em seguida.
HAMLET: Economia, Horácio! Os assados do velório puderam ser servidos como frios na mesa nupcial. Preferia ter encontrado no céu meu pior inimigo do que ter visto este dia! Meu pai – estou vendo meu pai, Horácio!
HORÁCIO: Seu pai? Onde, senhor?
HAMLET: No olhar do espírito, Horácio.
HORÁCIO: Eu o vi uma vez; era um belo rei.
HAMLET: Era um homem – e nada mais importa. Jamais haverá um outro como ele.
HORÁCIO: Senhor, acho que o vi ontem de noite.
HAMLET: Viu quem?
HORÁCIO: Contenha seu espanto por um instante e me dê ouvido atento pra que eu lhe conte o prodígio que vi, testemunhado por meus companheiros.
HAMLET: Pelo amor de Deus, sou todo ouvidos. Fala!

SHAKESPEARE, William. *Hamlet*. Porto Alegre: LP&M, 2012, p. 25.

Como se pode notar, as ações são representadas por meio das falas das personagens que interagem. Não há, ao contrário do gênero épico, um narrador a relatar os acontecimentos.

Sequências textuais

Há alguns anos, quando se fazia referência a tipos de texto, costumava-se falar em descrição, narração e dissertação. Essa tipologia era ensinada na escola e cobrada em provas e exames. Ocorre que uma tipologia que agrupe textos em descrição, narração e dissertação é um procedimento muito genérico. Primeiro, não se trata de gêneros textuais; segundo, essa classificação não dá conta da variedade de textos que circulam socialmente;

terceiro, na prática dificilmente encontraremos textos que sejam exclusivamente descritivos, narrativos ou dissertativos.

Conforme visto e com fundamento em Bakhtin (2000), os textos (literários ou não) materializam-se em enunciados relativamente estáveis a que se dá o nome de gêneros. Ocorre que os textos verbais, independentemente do gênero a que pertencem, são heterogêneos. Um conto, que é uma narrativa, pode apresentar-se sob várias formas diferentes: conto fantástico, conto de terror, conto de mistério, microconto etc. Além disso, as narrativas literárias não costumam apresentar-se em formas puras. Um romance ou um conto não são constituídos apenas de narrações, podendo conter descrições, diálogos, argumentos, explicação de fatos ou acontecimentos etc.

Para Adam (2011), os textos são constituídos por sequências com características linguísticas e propósitos sociodiscursivos próprios, responsáveis pela organização da textualidade. Quanto às características linguísticas, refiro-me a formas dependentes dos aspectos morfossintáticos da língua. Os propósitos sociodiscursivos remetem ao valor ilocucionário dos enunciados, isto é, ao propósito comunicativo, à intencionalidade. Com base nisso, as sequências textuais são classificadas em cinco tipos básicos, que correspondem a cinco macroações discursivas armazenadas na memória, que funcionam como esquema que permite reconhecer e estruturar os textos: narrar, descrever, explicar, argumentar e dialogar.

Sequências textuais não são textos, mas construções teóricas que, materializadas linguisticamente nos textos, caracterizam-no como um tipo textual em função da sequência dominante; daí se falar em textos narrativos, descritivos, argumentativos, explicativos e conversacionais.

No processamento da leitura, mobilizam-se conhecimentos textuais. Esse conhecimento permite, por exemplo, saber se se trata de um texto narrativo, descritivo ou argumentativo. A partir de agora, discuto os tipos de texto (narrativo, descritivo, argumentativo etc.), lembrando que os textos são marcados pela heterogeneidade, isto é, neles costuma haver uma mescla de sequências, sendo uma predominante, aquela que determina o propósito comunicativo do texto.

Os gêneros literários em prosa (conto, novela, romance) são narrativos, já que o propósito deles é contar um fato, portanto neles predominam as sequências narrativas. Subsidiariamente, neles pode haver sequências descritivas (descrição de personagem ou ambiente), sequências dialogais (reprodução direta de diálogos de personagens), sequências argumentativas (o narrador suspende a narrativa para defender uma ideia, uma personagem argumenta em favor de alguma coisa) e, em alguns casos, até mesmo sequências explicativas, quando, por exemplo, o narrador ou uma personagem sente necessidade de explicar objetivamente algo ao leitor para que ele compreenda melhor a ação ou um dos elementos dela. Quanto aos gêneros literários em versos, pode haver poemas narrativos (as epopeias), descritivos, apresentados em forma de diálogo e, até mesmo, poemas em que predomina a argumentação.

A gramática tradicional ensina que os textos são constituídos de períodos, definidos como unidades de sentido de extensão variável, começando, na escrita, por letra maiúscula e terminando por ponto (ponto de exclamação, de interrogação ou reticências). Embora haja períodos formados por uma única oração, via de regra, eles resultam de um encadeamento de orações que se justapõem ou se relacionam por meio de conectores que estabelecem relação de coordenação ou subordinação entre as unidades do período. Ocorre que o texto não é um somatório de períodos, mas uma unidade de sentido mais ampla do que o conjunto das

> *Conectores* são palavras que estabelecem uma relação sintática entre segmentos textuais. A gramática tradicional chama essas palavras de conectivos, que são normalmente representados pelas conjunções, preposições e pronomes relativos. Certos conectivos estabelecem também relações semânticas entre segmentos textuais.

frases que o compõe, por isso a incapacidade de a gramática tradicional explicar os textos.

A linguística textual foca seu estudo não na frase, mas numa unidade mais complexa, o texto, que não é simplesmente um agrupamento de frases, já que entre estas se estabelecem relações, configurando as sequências textuais. Isso possibilitou que se substituísse uma tipologia tradicional generalizante de largo uso na escola (descrição, narração e dissertação) por outra capaz de descrever melhor a organização dos tipos de texto, com base não apenas em seus aspectos pragmáticos, mas também em sua estruturação linguística. Esclareço que as sequências textuais dizem respeito à infraestrutura, ou seja, ao modo de organização do texto, assegurando sua progressão, por meio de retomadas (substituições lexicais, pronominalização, referenciação etc.). Embora as sequências textuais sejam unidades relativamente autônomas, há entre elas relações semânticas, normalmente estabelecidas por procedimentos responsáveis pela coesão textual.

Se o número de gêneros textuais é aberto, na medida que novos gêneros surgem para atender a novos propósitos comunicativos, as sequências textuais variam menos. Embora possa haver pequenas divergências entre autores, sobretudo quanto à nomenclatura empregada, a classificação das sequências textuais costuma levar em conta tanto critérios internos (linguísticos, tais como o modo como as proposições se sucedem linearmente, tipos de predicação, seleção lexical) como externos (aspectos pragmáticos). Neste livro, são comentadas cinco sequências textuais: narrativas, descritivas, explicativas, argumentativas, dialogais.

Bronckart (2007), comentando a classificação de Adam (2011), menciona ainda as sequências injuntivas, que seriam um tipo particular de sequência descritiva, que se caracteriza por "fazer ver" as ações, mostrando como a descrição se organiza. Nesse caso, ainda segundo Bronckart, a intenção do produtor é levar o leitor/ouvinte a um fazer agir. Como exemplos de sequências injuntivas, podem ser citadas as receitas culinárias e manuais de instrução.

Sequências narrativas

Uma sequência narrativa prototípica tem a seguinte característica básica: há uma situação inicial, marcada pelo equilíbrio, que é alterada, desencadeando transformações (complicação), segue-se uma série de ações decorrentes dessa transformação que levarão a uma resolução da intriga (conflito), terminando em uma situação final, que se caracteriza por um novo estado de equilíbrio. Esquematizando:

---

situação inicial → complicação → ações → resolução → situação final
  (equilíbrio)   (tensão)   (equilíbrio)

As sequências narrativas caracterizam-se pelo encadeamento cronológico/causal de ações predicadas ao agente humano ou antropomorfizado (como a agulha e a linha no conto machadiano "Um apólogo"). Do ponto de vista linguístico, além dos verbos que exprimem ação, normalmente expandidos por circunstantes de lugar, tempo, modo, causa, há a presença do discurso relatado (direto, indireto, indireto livre). Os gêneros literários em que as sequências narrativas são dominantes são aqueles que relatam uma história, o conto, a novela, o romance, a epopeia. Segue um conto japonês do século VIII, de autor desconhecido, a fim de exemplificar a sequência narrativa.

Espelho no cofre

De volta de uma longa peregrinação, um homem carregava sua compra mais preciosa adquirida na cidade grande: um espelho, objeto até então desconhecido para ele. Julgando reconhecer ali, ao olhar-se, o rosto do pai, encantado, ele levou o espelho para sua casa.

Guardou-o num cofre no primeiro andar, sem dizer nada a sua mulher. E assim, de vez em quando, quando se sentia triste e solitário, abria o cofre para ficar a contemplar "o rosto do pai". Sua mulher observou que ele tinha um aspecto diferente, um ar engraçado, toda vez que o via descer do quarto de cima. Começou a espreitá-lo e descobriu que o marido abria o cofre e ficava longo tempo olhando para dentro dele.

Depois que o marido saiu, um dia ela abriu o cofre, e nele, espantada, viu o rosto de uma mulher. Inflamada de ciúme, investiu contra o marido e deu-se então uma grave briga de família.

O marido sustentava até o fim que era o seu pai quem estava escondido no cofre.

Por sorte, passava pela casa deles uma monja. Querendo esclarecer de vez a discussão, ela pediu que lhe mostrassem o cofre. Depois de alguns minutos no primeiro andar, a monja comentou ainda lá de cima:

– Ora, vocês estão brigando em vão: no cofre não há homem nem mulher, mas tão somente uma monja como eu!

Espelho no cofre. *Os grandes contos populares do mundo.* Rio de Janeiro: Ediouro, 2005, pp. 298-299.

Esse conto apresenta a seguinte sequência narrativa:
a) situação inicial: trazer o espelho para casa, guardá-lo e nele mirar-se;
b) complicação: a descoberta da mulher;
c) ações: abertura do cofre pela mulher, briga em família, justificativa do marido;
d) resolução: esclarecimento dado pela monja.

A situação final coincide com a resolução do conflito, que põe fim à narrativa.

Sequências descritivas

Nas sequências descritivas não há encadeamento cronológico de fatos, ou seja, não havendo sucessão de acontecimentos no tempo, não há temporalidade (não há um antes nem um depois) nem causalidade. Aquilo que é descrito, ancoragem ou tema da descrição, é apresentado num determinado momento. Esse tema é caracterizado por meio de suas propriedades (qualidades, localização espacial etc.). Normalmente aquilo que é descrito costuma ser decomposto em suas partes constituintes. Pode ocorrer ainda o relacionamento de elementos descritos por meio de metáforas ou comparações. Predominam verbos de estado e situação.

Segue um trecho extraído do romance *A peste*, de Albert Camus.

> Aparenta trinta e cinco anos. Estatura mediana. Ombros fortes. Rosto quase retangular. Olhos escuros e diretos, mas maxilares proeminentes. O nariz forte é regular. Cabelos pretos, cortados muito curtos. A boca é arqueada com os lábios cheios e sempre fechados. Tem um pouco o ar de um camponês siciliano com a pele queimada, o cabelo preto e as roupas sempre de cor escura, mas que lhe ficam bem.
>
> CAMUS, Albert. *A peste*. 17. ed. Rio de Janeiro: Record, 2007, p. 31.

Essa sequência descritiva refere-se à personagem Rieux, apresentada no final do parágrafo anterior da narrativa, que se configura o tema da descrição. Como se pode observar, há um processo de decomposição do todo descrito em suas partes constituintes (ombros, rosto, olhos, maxilares, nariz, cabelos, boca, lábios...), que são aspectualizadas por meio de suas propriedades, expressas por adjetivos: ombros *fortes*; rosto *retangular*; olhos *escuros* e *diretos*; maxilares *proeminentes*; nariz *forte* e *regular*; cabelos *pretos, curtos*; boca *arqueada*; lábios *cheios* e *fechados*. Esses elementos descritos são depois relacionados por meio de comparação (*ar de um camponês siciliano*). Do ponto de vista linguístico, há o predomínio de formas nominais (substantivos para os temas e adjetivos para as propriedades), frases nominais e coordenação de ideias.

Muitos textos narrativos costumam se iniciar por uma sequência descritiva com o propósito de caracterizar de pronto a personagem, como ocorre neste trecho do conto "A caolha", de Júlia Lopes de Almeida, em que um narrador heterodiegético apresenta um retrato da personagem que dá título ao conto.

> A caolha era uma mulher magra, alta, macilenta, peito fundo, busto arqueado, braços compridos, delgados, largos nos cotovelos, grossos nos pulsos; mãos grandes, ossudas, estragadas pelo reumatismo e pelo trabalho; unhas grossas, chatas e cinzentas, cabelo crespo, de uma cor indecisa entre o branco sujo e o louro grisalho, desse cabelo cujo contato parece dever ser áspero e espinhento; boca descaída, numa expressão de desprezo, pescoço longo, engelhado, como o pescoço dos urubus; dentes falhos e cariados.
>
> ALMEIDA, Júlia Lopes de. A caolha. In: MORICONI, Italo (Org.). *Os cem melhores contos brasileiros do século*. Rio de Janeiro: Objetiva, 2001, p. 49.

Sequências argumentativas

Inicialmente, deve-se destacar que, segundo Ducrot (1981), todo discurso comporta uma orientação argumentativa. Para esse autor, a argumentatividade é constitutiva de todos os discursos.

Quando aqui se fala em sequências argumentativas, faz-se referência à materialização de processo cognitivo denominado raciocínio argumentativo, que consiste na apresentação de uma tese sobre um tema, à qual são acrescentados dados novos que orientam para uma conclusão ou nova tese, ou seja, pelas sequências argumentativas realizam-se propósitos comunicativos específicos, qual seja, levar o interlocutor a aderir a um ponto de vista apresentado. Esse tipo de sequência desenvolve-se por inferências (argumentos e contra-argumentos) a partir de dados pressupostos. Pode-se esquematizar essa sequência desta forma:

> tese (ou premissa) → argumentos → contra-argumentos → conclusão (ou nova tese)

As sequências argumentativas são dominantes nos gêneros literários cujo propósito comunicativo é a persuasão do leitor visando conseguir sua adesão a uma determinada tese, como ocorre no sermão (vide como exemplos os *Sermões* do padre Antônio Vieira). Do ponto de vista linguístico, predomina o encadeamento lógico de orações, modalizadores, operadores argumentativos e verbos que introduzem opiniões. Segue um soneto de Gregório de Matos, a fim de mostrar como se configura a argumentação.

A Jesus Cristo Nosso Senhor

Pequei, Senhor; mas não porque hei pecado,
Da vossa alta clemência me despido;
Porque quanto mais tenho delinquido,
Vos tenho a perdoar mais empenhado.

Se basta a vos irar tanto pecado,
A abrandar-nos sobeja um só gemido:
Que a mesma culpa, que vos há ofendido,
Vos tem para o perdão lisonjeado.

Se uma ovelha perdida e já cobrada
Glória tal e prazer tão repentino
Vos deu, como afirmais na sacra história,

> Eu sou, Senhor, a ovelha desgarrada,
> Cobrai-a; e não queirais, pastor divino,
> Perder na vossa ovelha a vossa glória.
>
> MATOS, Gregório de. In: CANDIDO, Antonio; CASTELLO, José Aderaldo. *Presença da literatura brasileira I*: das origens ao romantismo. 5. ed. São Paulo: Difusão Europeia do Livro, 1973, p. 72.

O interesse aqui não é fazer uma análise detalhada do poema. Apresento esse soneto apenas como exemplo de sequência argumentativa, o que pode ser facilmente percebido caso se atente que ele se desenvolve como um silogismo, raciocínio tipicamente argumentativo, que parte do geral (premissa) para o particular (conclusão). Há, no soneto, uma tese (premissa maior), à qual se somam argumentos, visando a uma conclusão deles decorrente.

Esquematizando o silogismo:

> A glória de Deus está no perdoar ao pecador. (premissa maior)
> Eu sou pecador. (premissa menor)
> Logo, Deus tem de me conceder o perdão para manter sua glória. (conclusão)

Ou em outros termos:

> A bondade divina se manifesta no perdoar ao pecador. (premissa maior)
> Sou pecador. (premissa menor)
> Logo, para exercer sua bondade, Deus terá de me perdoar. (conclusão)

O caráter persuasivo do poema remete a um dilema: para que exista perdão, é preciso que haja pecado; se não houver pecado, não existe perdão. E como Deus é clemente, é necessário que haja o pecado para que ele possa manifestar sua clemência.

Na busca de um discurso persuasivo, Gregório de Matos se afasta do caráter mais inventivo de certas manifestações literárias. Seu discurso não é lúdico. O jogo com as palavras, seus sons e significados é deixado de lado em favor da exposição de um raciocínio persuasivo: o lúdico cede lugar ao polêmico.

Sequências explicativas

As sequências explicativas estão ligadas a processos cognitivos que envolvem análise e síntese de conceitos ou fatos, procurando estabelecer relações de causa e efeito entre conceitos. Nesse tipo de sequência, parte-se do pressuposto de que o interlocutor não sabe X e a função é fazê-lo saber X. O exemplo prototípico de sequência explicativa é o texto didático.

Lencastre (2003), comparando as sequências explicativas com as narrativas, salienta que, nas primeiras, o leitor assume a informação como verdadeira, ao passo que as segundas são ficcionais por natureza. As sequências narrativas desenvolvem-se cronologicamente e ocorrem em um espaço definido, as explicativas podem não apresentar ordem temporal e nelas normalmente o espaço é genérico. Enquanto as sequências narrativas podem ocorrer na linguagem oral, as explicativas têm maior incidência na escrita. Segundo Bronckart (2007), apresentam o seguinte esquema:

| constatação inicial (apresentação do fenômeno) | → problematização → (causas) | resolução (informações adicionais) | → conclusão-avaliação (reformulação da constatação inicial) |

Do ponto de vista linguístico, a característica dos textos explicativos é marcada pela enunciação no presente do indicativo, a partir do qual se instaura um eixo de coordenadas espaçotemporais (*um aqui* e *um agora*). O enunciador, muitas vezes, deixa marcas explícitas da enunciação no enunciado, por meio de expressões como "creio", "parece-me" e equivalentes.

Dada a natureza objetiva e didática dos textos explicativos, sua presença na literatura é pouco frequente. Numa narrativa, o narrador pode dela se valer para apresentar informações para que o leitor situe a narrativa num determinado contexto histórico. É o que ocorre, por exemplo, no romance *A cartuxa de Parma*, de Stendhal, como se pode observar no trecho a seguir.

> Em 1796, o exército milanês se compunha de vinte e quatro patifes vestidos de vermelho, que guardavam a cidade em comum acordo com quatro magníficos regimentos de granadeiros húngaros. A liberdade de costumes era extrema, mas a paixão muito rara: aliás, além do desprazer de ter de contar tudo ao cura, sob pena de ruína neste próprio mundo, o bom povo de Milão ainda era submetido a certos pequenos entraves monárquicos que não deixavam de ser vexatórios. Por exemplo, o arquiduque, que residia em Milão e governava em nome do imperador, seu primo, tivera a lucrativa ideia de comandar o comércio de trigo. Por conseguinte, houve a proibição aos camponeses de vender seus grãos até que Sua Alteza tivesse enchido os próprios armazéns.
>
> STENDHAL. *A cartuxa de Parma*. São Paulo: Companhia das Letras, 2012, pp. 34-35.

Como outro exemplo de uma sequência explicativa, seguem os versos do poeta paraibano Janduhi Dantas, que se vale da literatura de cordel para transmitir um saber.

> A vírgula entre o sujeito
> e o verbo da oração
> não deve ser colocada
> se juntos eles estão:
> em "*Joel, chutou* a bola"
> há erro de pontuação.
>
> Os homônimos são palavras
> de mesma pronunciação.
> Às vezes, mesma grafia
> os homônimos terão,
> só que serão diferentes
> em sua significação.
>
> DANTAS, Janduhi. *Lições de gramática em versos de cordel*. Petrópolis: Vozes, 2009, pp. 43 e 55.

Sequências dialogais

Frequentes na linguagem oral, as sequências dialogais também ocorrem na linguagem escrita e, portanto, na literatura, quando essa tem por escopo a reprodução de falas. A característica essencial desse tipo de sequência é a sucessão coordenada de trocas, os turnos de fala. Se, no discurso oral, esses turnos são assumidos diretamente pelos envolvidos no processo interacional, no texto literário, eles são reproduções de falas de personagens inseridas no discurso principal. Por isso, Bronckart (2007) fala de discursos interativos primários para as sequências dialogais da oralidade e de discursos interativos secundários para as sequências dialogais na escrita. Na medida em que os turnos se sucedem, personagens interagem na conversação e são dadas a conhecer mutuamente, isto é, o leitor passa a conhecer as personagens pelo que uma diz para outra. Embora as falas isoladamente, em alguns casos, possam parecer desconexas, a coerência é dada pelo todo, que forma um texto único, muitas vezes inserido em outro texto.

A sequência dialogal prototípica é formada por uma abertura, uma fase transacional e um encerramento e pode ser assim esquematizada:

Fase 1
Locutor 1
      → intercâmbio de abertura

Locutor 2

Fase 2
Locutor 1 → Pergunta
Locutor 2 → Resposta → fase transacional
Locutor 1 → Avaliação
(...)

Fase 3
Locutor 1
      → intercâmbio de fechamento

Locutor 2

As sequências dialogais costumam estar inseridas em gêneros narrativos com o propósito de reproduzir as falas das personagens em discurso direto e também na representação teatral. Quando isso ocorre, a narrativa se bifurca: de um lado temos o épico (o mundo narrado); de outro, o dramático. Como exemplos de sequências dialogais na literatura, podem ser citados o conto "Cinquenta mil", de Ernest Hemingway, já mencionado, e o trecho a seguir do poema *Morte e vida severina*, de João Cabral de Melo Neto.

– A quem estais carregando,
irmãos das almas,
embrulhado nessa rede?
dizei que eu saiba.
– A um defunto de nada,
irmão das almas,
que há muitas horas viaja
à sua morada.
– E sabeis quem era ele,
irmãos das almas,
sabeis como ele se chama
ou se chamava?
– Severino Lavrador,
irmão das almas,
Severino Lavrador,
mas já não lavra.
– E de onde que o estais trazendo,
irmãos das almas,
onde foi que começou
vossa jornada?
– Onde a Caatinga é mais seca,
irmão das almas,
onde uma terra que não dá
nem planta brava.
– E foi morrida essa morte,
irmão das almas,
essa foi morte morrida
ou foi matada?
– Até que não foi morrida,
irmão das almas,
esta foi morte matada,
numa emboscada.

MELO NETO, João Cabral de. *Morte e vida severina e outros poemas em voz alta.*
9. ed. Rio de Janeiro: José Olympio, 1976, pp. 75-76.

PARA TRABALHAR COM SEUS ALUNOS

Atividade 1

Objetivo:
Reconhecer o gênero a que pertencem os textos. Identificar: a) conteúdo temático, b) estilo e c) estrutura composicional.

Num romance, que é um gênero narrativo de certa extensão, podemos encontrar textos pertencentes a outros gêneros, como uma carta ou bilhete que uma personagem escreve a outra, um poema, um anúncio etc.

Os textos a seguir fazem parte do romance *Triste fim de Policarpo Quaresma*. Solicite a seus alunos que identifiquem o gênero a que pertencem e comentem-no à luz das categorias propostas por Bakhtin (2000): conteúdo temático, estilo e estrutura composicional. Para o texto 2, devem levar em conta apenas a história que uma das personagens lê para as outras.

Texto 1

Policarpo Quaresma, cidadão brasileiro, funcionário público, certo de que a língua portuguesa é emprestada ao Brasil; certo também de que, por esse fato, o falar e o escrever em geral, sobretudo no campo das letras, se veem na humilhante contingência de sofrer continuamente censuras ásperas dos proprietários da língua; sabendo, além, que, dentro do nosso país, os autores e os escritores, com especialidade os gramáticos, não se entendem no tocante à correção gramatical, vendo-se, diariamente, surgir azedas polêmicas entre os mais profundos estudiosos do nosso idioma – usando do direito que lhe confere a Constituição, vem pedir que o Congresso Nacional decrete o tupi-guarani como língua oficial e nacional do povo brasileiro. O suplicante, deixando de parte os argumentos históricos que militam em favor de sua ideia, pede vênia para lembrar que a língua é a mais alta manifestação da inteligência de um povo, é a sua criação mais viva e original; e, portanto, a emancipação política do país requer como complemento e consequência a sua emancipação idiomática.

Demais, Senhores Congressistas, o tupi-guarani, língua originalíssima, aglutinante, é verdade, mas a que o polissintetismo dá múltiplas feições de riqueza, é a única capaz de traduzir as nossas belezas, de pôr-nos em relação com a nossa natureza e adaptar-se perfeitamente aos nossos órgãos vocais e cerebrais, por ser criação de povos que aqui viveram e ainda vivem, portanto possuidores da organização fisiológica e psicológica para que tendemos, evitando-se dessa forma as estéreis controvérsias gramaticais, oriundas de uma difícil adaptação de uma língua de outra região à nossa organização cerebral e ao nosso aparelho vocal – controvérsias que tanto empecem o progresso da nossa cultura científica e filosófica.

Seguro de que a sabedoria dos legisladores saberá encontrar meios para realizar semelhante medida e cônscio de que a Câmara e o Senado pesarão o seu alcance e utilidade

P. e E. deferimento.

BARRETO, Lima. *Triste fim de Policarpo Quaresma.* São Paulo: Penguin, 2011, pp. 139-140.

Texto 2

– Vou ler aos senhores uma pequena história do macaco, das muitas que o povo conta... Só eu já tenho perto de quarenta e pretendo publicá-las, sob o título *Histórias do Mestre Simão.* E, sem perguntar se os incomodava ou se estavam dispostos a ouvir, começou:

"O macaco perante o juiz de direito. Andava um bando de macacos em troça, pulando de árvore em árvore, nas bordas de uma grota. Eis senão quando um deles vê no fundo uma onça que lá caíra. Os macacos se enternecem e resolvem salvá-la. Para isso, arrancaram cipós, emendaram-nos bem,

amarraram a corda assim feita à cintura de cada um deles e atiraram uma das pontas à onça. Com o esforço reunido de todos, conseguiram içá-la e logo se desamarraram, fugindo. Um deles, porém, não pôde fazer a tempo e a onça segurou-o imediatamente.
– Compadre Macaco, disse ela, tenha paciência. Estou com fome e você vai fazer-me o favor de deixar-se comer.
O macaco rogou, instou, chorou; mas a onça parecia inflexível. Simão então lembrou que a demanda fosse resolvida pelo juiz de direito. Foram a ele; o macaco sempre agarrado pela onça. É juiz de direito entre os animais o jabuti, cujas audiências são dadas à borda dos rios, colocando-se ele em cima de uma pedra. Os dous chegaram e o macaco expôs as suas razões.
O jabuti ouviu-o e no fim ordenou:
– Bata palmas.
Apesar de seguro pela onça, o macaco pôde assim mesmo bater palmas. Chegou a vez da onça, que também expôs as suas razões e motivos. O juiz, como da primeira vez, determinou ao felino:
– Bata palmas.
A onça não teve remédio senão largar o macaco, que se escapou, e também o juiz, atirando-se n'água."

Acabando a leitura, o velho dirigiu-se aos dois:
– Não acham interessante? Muito! Há no nosso povo muita intenção, muita criação, verdadeiro material para *fabliaux* interessantes... No dia em que aparecer um literato de gênio que o fixe numa forma imortal!... Ah! Então!

BARRETO, Lima. *Triste fim de Policarpo Quaresma*. São Paulo: Penguin, 2012, pp. 111-112.

Atividade 2

Objetivos:
1. Reconhecer as características de um poema lírico, particularmente quanto ao seu estrato sonoro.
2. Levantar pistas que possibilitem construir um sentido para o texto.

Observação: Para um melhor aproveitamento dos recursos poéticos do texto, seria recomendável uma leitura em voz alta.

Inicialmente, deve-se chamar a atenção dos alunos para a configuração gráfica do texto. O fato de ele estar escrito em versos, agrupados em estrofes (quartetos). Mostrar que os versos são regulares, todos decassílabos, destacando que a regularidade decorre não do número de palavras, mas do de sílabas. Podem-se comparar o verso "noites da solidão, noites remotas" com o verso "quando os sons dos violões nas cordas gemem", destacando, que apesar de o primeiro ter cinco palavras e o segundo oito, o número de sílabas métricas é idêntico (dez). Ainda olhando o texto do ponto de vista semiótico, mostrar que o final do verso nem sempre coincide com o final da frase, ocorrendo o encadeamento ou *enjambement*.

Familiarizados com o aspecto visual, os alunos deverão ser levados a perceber o estrato fônico, começando pelo ritmo, observando a sucessão na linha sintagmática de sílabas átonas e tônicas e que as tônicas estão sempre em sílabas pares. Além do ritmo, destacar outros aspectos do estrato fônico, como o esquema rímico (rimas cruzadas: o primeiro verso de cada estrofe rima com o terceiro e o segundo, com o quarto); aliterações, assonâncias; nasalizações, marcadas pelo til ou pelas letras *m* e *n* em final de sílabas, pluralização (com a repetição da sibilante).

Familiarizados com o ritmo e a melodia, levar os alunos a atentar para o componente lexical. Destacar algumas palavras do texto como:

substantivos: violões, soluços, choros, lamento, sons, gemidos, prantos, sussurro;
adjetivos: plangentes, murmurejantes, chorosos, suspiradas;
verbos: choram, soluçando, gemem.

Levar os alunos a perceber que essas palavras remetem à ideia de som; portanto a questão da sonoridade vai além do componente fonológico, podendo ser observada também no componente lexical. O encadeamento de figuras garante a progressividade do texto, sendo fator de coesão e coerência. Levar, por fim, os alunos a perceber que a sonoridade é constitutiva do sentido do poema e fazê-los identificar que sentimentos ou emoções esses sons evocam.

Violões que choram...

(Jan. 1897)

Ah! Plangentes violões dormentes, mornos,
soluços ao luar, choros ao vento...
Tristes perfis, os mais vagos contornos,
bocas murmurejantes de lamento.

Noites de além, remotas, que eu recordo,
noites da solidão, noites remotas
que nos azuis da Fantasia bordo,
vou constelando de visões ignotas.

Sutis palpitações à luz da lua,
anseio dos momentos mais saudosos,
quando lá choram na deserta rua
as cordas vivas dos violões chorosos.

Quando os sons dos violões vão soluçando,
quando os sons dos violões nas cordas gemem,
e vão dilacerando e deliciando,
rasgando as almas que nas sombras tremem.

Harmonias que pungem, que laceram,
dedos nervosos e ágeis que percorrem
cordas e um mundo de dolências geram,
gemidos, prantos, que no espaço morrem...

E sons soturnos, suspiradas mágoas,
mágoas amargas e melancolias,
no sussurro monótono das águas,
noturnamente, entre ramagens frias.

Vozes veladas, veludosas vozes
volúpias dos violões, vozes veladas,
vagam nos velhos vórtices velozes
dos ventos, vivas, vãs, vulcanizadas.

Cruz e Sousa. *Obras completas*. Rio de Janeiro: José Aguilar, 1961, pp. 124-127.

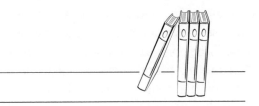

A narrativa

As narrativas começam com a própria história da humanidade e fazem parte de todas as civilizações, sejam de onde forem, e apresentam-se sob os mais variados gêneros: mito, lenda, fábula, conto, novela, romance, histórias em quadrinhos, cinema etc. Segundo Barthes (2011: 19), "não há em parte alguma povo algum sem narrativa; todas as classes, todos os grupos humanos têm suas narrativas [...]". Ainda sobre o papel das narrativas, o escritor austríaco Robert Musil (2006: 689) afirma que "no relacionamento básico com si mesmos, a maioria dos homens são contadores de histórias". Para Aristóteles, para quem uma das características da arte era, como vimos, a mímesis, a narrativa (*diegesis*) é uma das formas de imitação poética; a outra seria a imitação direta feita por atores falando a um público (o gênero dramático).

As narrativas materializam-se em textos verbais, não verbais, orais ou escritos, portanto qualquer estudo que se volte à narrativa terá como objeto de investigação o texto. As reflexões sobre a narrativa aqui apresentadas restringir-se-ão a textos exclusivamente verbais, uma vez que o tema do livro é o texto literário. Evidentemente, pode haver uma unidade mínima narrativa, menor que o texto, que pode ser descrita em termos morfossintáticos e semânticos, como a frase que abre *Mrs. Dalloway*, de Virgínia Woolf, "A Sra. Dalloway disse que ela própria iria comprar as flores". No entanto, um texto narrativo não é uma soma de frases narrativas, por isso a unidade de análise deverá ser sempre o texto. Além disso, como se viu, um texto é narrativo porque nele predominam sequências textuais narrativas, ou seja, nesse tipo de texto podem-se encontrar também sequências descritivas, argumentativas, explicativas, dialogais. O estudo do texto narrativo deverá, então, observar como sequências narrativas se articulam, que relação esse texto mantém com outros (intertextualidade), que características composicionais apresenta, a que gênero pertence etc.

Quando me referi aos conhecimentos prévios, destaquei o conhecimento textual. Dentro dele, pode-se afirmar que dispomos de uma competência narrativa, o que significa que, entre os textos que lê, o leitor sabe distinguir aqueles que contam uma história dos que não contam, como é capaz de reconhecer versões diferentes de uma mesma história, de resumir uma história, de inferir quem é o narrador etc.

As narrativas podem se referir a um fato real ou imaginário. O fato narrado em geral é uma ação atribuída a agente humano ou antropomorfizado (como nas fábulas). A principal característica das narrativas literárias é o fato de serem ficcionais suas formas mais comuns na atualidade são o conto, o romance e a novela.

O conto

O conto é um gênero narrativo que costuma ser definido pela sua extensão, o que determina que possua, quanto à sua estrutura, características especiais, diferenciando-o de outras formas narrativas em prosa (novela e romance). Não há propriamente uma definição de conto, o melhor seria dizer que há teorias do conto, enquadradas numa teoria mais ampla, a narratologia, estudo das formas narrativas literárias e não literárias, tendo por fundamento os estudos da semiótica.

Mário de Andrade, para quem conto é aquilo que seu autor batizou de conto, já chamava a atenção para esse fato ao iniciar seu conto "Vestida de negro" com a seguinte afirmação: "Tanto andam agora preocupados em definir o conto que não sei bem se o que vou contar é conto ou não, sei que é verdade." Para Bakhtin (2000), os gêneros são formas *relativamente estáveis*, isso é visível quando se compara um conto recolhido pelos irmãos Grimm a contos de Cortázar, Hemingway, Borges, Dalton Trevisan, Clarice Lispector, por exemplo. Por isso este livro não propõe uma definição fechada de conto. Apoiado em alguns autores e teorias sobre o conto, apresento a seguir as características desse gênero literário, por meio de analogias a outras formas narrativas, particularmente o romance.

Narrativa condensada (em inglês é denominado *short story* = história curta, literalmente), que apresenta um número pequeno de personagens, unidade de tempo restrito, normalmente centrado em um único evento, abdicando de análises minuciosas, digressões e descrições pormenorizadas. Por ser uma forma narrativa, o conto costuma ser analisado e definido em relação a outras formas de narrar, particularmente o romance. Se o romance é um gênero ligado à tradição escrita, o conto tem suas origens na tradição oral, no ato de contar histórias, que eram passadas de geração a geração. Esse conto de tradição oral é o que Jolles (1976) denomina de uma *forma simples*, ou seja, aquela que mantém sua forma através dos tempos, ao contrário das formas artísticas, que são as criadas por um autor e que não podem ser recontadas sem que se percam suas peculiaridades. Exemplificando: uma adivinha (*o que é, o que é?*), para Jolles, é uma forma simples, pode-se recontá-la inúmeras vezes e ela manterá sempre a mesma forma; já um conto, como "A cartomante", de Machado de Assis, é uma forma literária. Quando é contado para alguém, ele já não é mais o mesmo conto escrito por Machado de Assis. Ao conto transmitido oralmente, dá-se o nome de **conto popular**. *Grosso modo*, as formas simples e as formas literárias de Jolles equivaleriam aos gêneros primários e secundários de Bakhtin (2000).

Paes (2001) ressalta que formas literárias atuais têm sua origem em formas simples; por exemplo, o conto policial seria uma forma evoluída da adivinha. Para Jolles, o conto só adquiriu o *status* de forma literária a partir do momento em que os irmãos Grimm reuniram uma coletânea de narrativas sob o título de *Contos para crianças e família*, em 1812. A passagem da forma simples conto popular para a forma literária está ligada à passagem do contador de histórias para o narrador ficcional, o que implica uma mudança na forma de recepção: no conto popular a narrativa é dirigida a um auditor (a transmissão é oral); no escrito, a um leitor. Nos contos orais, a recepção é em tempo real; no conto escrito, é diferida. Essas mudanças trazem consigo outras, como a mudança da linguagem e a expansão do público receptor, que passa a ser mais heterogêneo, uma vez que a circulação dos textos passa a não se restringir apenas à comunidade sociocultural para quem as histórias eram narradas.

Outra distinção entre o conto popular e o conto literário reside na autoria, enquanto os primeiros são anônimos, os segundos possuem autoria definida. Os contos populares têm servido de matéria-prima para a elaboração de obras literárias, por isso é comum encontrar ecos ou referências diretas ou indiretas a eles em contos e romances modernos. A personagem Oskar do romance *O tambor*, do escritor alemão Günther Grass, é inspirado no Pequeno Polegar. Guimarães Rosa inicia seu conto "Conversa de bois" fazendo referência aos contos maravilhosos: "Que já houve um tempo em que eles conversavam, entre si e com os homens, é certo e indiscutível, pois que bem comprovado nos livros das fadas carochas" (1995: 405). Nos contos do escritor moçambicano Mia Couto, em que realidade e fantasia se fundem, ressoam vozes de histórias da tradição oral africana.

Gotlib (2011) ressalta que o conto difere do relato. Para essa autora, o relato traz de volta algo que ocorreu, enquanto no conto há narração de fato criado, inventado, ou seja, o que caracteriza o conto é o fato de ser uma narrativa ficcional. O romance é cumulativo, nele há uma sucessão de eventos que se encadeiam em direção ao clímax, o ponto de maior tensão na narrativa, e, posteriormente, ao desfecho ou desenlace, que é a resolução do conflito com a consequente volta à situação de estabilidade. O conto, por ser limitado em sua extensão, procura captar um momento, um instante.

O célebre contista Julio Cortázar compara o romance a um filme, enquanto o conto é comparado a uma fotografia. Para esse autor, o romance realiza uma abordagem horizontal; o conto, uma vertical. Por ser uma narrativa condensada, o conto elimina tudo o que é acessório, centrando-se naquilo que é essencial à trama. O escritor russo Tchekhov, referindo-se a esse gênero, diz: "se num conto aparece uma espingarda, ela tem que disparar". Cortázar tem uma frase que ilustra bem a diferença entre o conto e romance: "o romance ganha sempre por pontos, enquanto o conto deve ganhar por nocaute".

Para outro grande contista e também teórico do conto, Edgar Allan Poe, a extensão é requisito fundamental do conto, já que esse gênero literário deve buscar uma unidade de efeito, enganar, aterrorizar, encantar ou deslumbrar, e essa só pode ser conseguida se o texto for possível de ler numa assentada, de meia a duas horas. Para Poe (2001), o trabalho de um contista deve ser racional, tudo deve ser pensado a fim de se obter o resultado pretendido, que é criar o interesse do leitor, para isso "inventará os incidentes, combinando-os da maneira que melhor o ajude a conseguir o efeito preconcebido". Mesmo muito antes da teoria dos atos de fala, de Austin, Poe já chamava a atenção para a força ilocucionária e perlocucionária da linguagem.

O conto, por ser um gênero narrativo, assim como a novela e o romance, está centrado em três pilares: evento, personagem e espaço, além do fato de a narrativa se desenrolar num tempo cronológico ou psicológico. Tempo cronológico é o tempo físico, mensurável, objetivo, tem, portanto, caráter quantitativo; tempo psicológico é o tempo vivido interiormente, é subjetivo e não coincide com o tempo cronológico, tem caráter qualitativo. A experiência demonstra que às vezes o tempo cronológico de um minuto parece durar horas e, outras vezes, aquilo que ocorreu em horas parece ter transcorrido em minutos.

A forma como esses três pilares são tratados no conto e no romance servem de elemento distintivo entre esses dois gêneros. O conto, ao contrário do romance, normalmente centra-se num evento único, possui poucas personagens e desenrola-se num espaço limitado. Outra diferença fundamental entre romance e conto é que, no conto (e também na novela), o final coincide com o clímax, ao passo que, no romance, o clímax não está no final, mas num momento anterior. No romance, o final corresponde ao desenlace ou desfecho, que é, como se viu, o evento ou conjunto de eventos que, pondo fim ao conflito, encerra a narrativa. Em alguns romances, o desenlace pode vir seguido por um epílogo, capítulo ou comentário breve sobre o destino das personagens principais. Para o crítico russo Boris Eikhenbaum, no texto *Sobre a teoria da prosa* (s. d.), a existência de um epílogo é critério que diferencia o romance do conto, por isso é raro, um final inesperado no romance, fato comum nos contos.

PARA SABER MAIS!

A escritora inglesa Virgínia Woolf, em sua obra *Orlando: uma biografia*, referindo-se à subjetividade do tempo, diz o seguinte: "Mas, desgraçadamente, o tempo que faz florescerem e murcharem animais e vegetais com espantosa pontualidade, não tem sobre a mente humana um efeito tão simples. A mente humana, por seu lado, atua com igual estranheza sobre o corpo do tempo. Uma hora instalada no estranho elemento do espírito humano, pode ser distendida cinquenta ou cem vezes mais do que a sua medida no relógio; inversamente, uma hora pode ser representada no tempo mental por um segundo. Esse extraordinário desacordo entre o tempo do relógio e o tempo do espírito é menos conhecido do que devia ser, e merece profundas investigações." (1972: 253)

O trecho a seguir, extraído do romance *Névoa*, de Miguel de Unamuno, além de informar o destino das principais personagens, esclarece ao leitor a função que tem o epílogo.

Oração fúnebre em forma de epílogo

Costuma ser previsível no final de novelas e logo que morre ou se casa o herói ou protagonista dar notícias da sorte que tiveram os demais personagens. Não vamos segui-lo aqui nem dar, por conseguinte, notícia alguma do que aconteceu a Eugênia e Maurício, a Rosario, a Liduvina e Domingo, a dom Fermín e dona Ermelinda, a Víctor e sua mulher e a todos os demais que em torno de Augusto nos foram apresentados, nem vamos sequer dizer o que da singular morte deste pensaram ou sentiram. Só abriremos uma exceção, e é em favor de quem mais profunda e sinceramente sentiu a morte de Augusto, que foi seu cachorro, Orfeu.

UNAMUNO, Miguel de. *Névoa*. São Paulo: Estação Liberdade, 2012, p. 249.

Esclareço inicialmente que, embora nesse epílogo apareça a palavra *novela*, o texto lido é epílogo de um *romance*. O tradutor optou por usar a palavra *novela*, que aparece no original. No entanto, novela em espanhol (idioma em que foi escrito o romance de Unamuno) equivale ao nosso romance.

A primeira frase esclarece a função do epílogo: "[...] dar notícias da sorte que tiveram os demais personagens.", bem como informa que ele sucede ao desenlace "logo que morre ou se casa o herói ou protagonista [...]". Evidentemente, o autor faz referência a um tipo de desenlace, característico do romance sentimental, pois o desenlace necessariamente pode não coincidir com a morte ou casamento do protagonista. O caráter inovador do epílogo de Unamuno é que, em vez de dar conta do destino das personagens secundárias, informa ao leitor do destino do cão do protagonista. No epílogo de *Quincas Borba*, de Machado de Assis, ocorre algo semelhante, na medida em que é dado aos leitores do romance o destino do cão do protagonista: "Queria dizer aqui o fim do Quincas Borba, que adoeceu também, ganiu infinitamente, fugiu desvairado em busca do dono, e amanheceu morto na rua, três dias depois."

Encerrando essas considerações sobre o conto, ressalto que há outros gêneros que se caracterizam por serem narrativas breves: a fábula, narrativa de fundo moralizante em prosa ou verso, cujas personagens são seres antropomorfizados, e a parábola, narrativa alegórica com personagens humanos que traduz um preceito de ordem moral ou religioso por meio de uma comparação entre a ficção narrada e a realidade a que ela faz referência.

Tanto a fábula quanto a parábola são gêneros textuais que têm função pragmática e, se considerarmos os textos como atos de fala, segundo as teorias de Austin (1990), podemos afirmar que esses gêneros, em decorrência de seu caráter teleológico, incluem-se nos atos perlocutórios, na medida em que objetivam uma mudança de comportamento do leitor/ouvinte.

O romance

Dentre os gêneros narrativos, o romance é sem dúvida o de maior aceitação nos dias de hoje, atingindo um público bastante variado, uma vez que há romances para todos os gostos, desde os sentimentais, de leitura fácil, vendidos em bancas de jornais, a formas altamente elaboradas e inovadoras, que exigem por parte do leitor um maior esforço cognitivo para sua compreensão.

O que caracteriza o romance é o fato de contar uma história. A história narrada, também chamada diegese, é a espinha dorsal dos gêneros narrativos, mas, diferentemente do conto e da novela, a história narrada no romance tem certa extensão – Forster (2005) chega a dizer que um romance não pode ter menos que 50.000 palavras – e, eventualmente, pode apresentar ramificações, histórias paralelas, histórias que se encaixam em outra história.

PARA SABER MAIS!

Herman Melville, autor de *Moby Dick*, faz a seguinte observação em sua obra *Billy Budd* sobre o fato de uma história no romance apresentar outras histórias:
"Neste ofício da escrita, por mais que estejamos decididos a permanecer na avenida principal, surgem pelo caminho algumas ruazinhas transversais a cuja tentação não é fácil de resistir. Errarei agora por uma delas. Se o leitor se dispuser a me acompanhar, ficarei agradecido." (2003: 35)

Ao ler um romance, sentimo-nos como o rei para o qual Sahrazad contava suas histórias no *Livro das mil e uma noites*, querendo saber o que acontece depois. O trecho a seguir mostra como costumeiramente se interrompem as narrativas de Sahrazad.

> E a aurora alcançou Sahrazad, e ela parou de falar. Dinarzad disse à irmã: "Como é agradável e formosa esta sua história, maninha", e ela respondeu: "Isto não é nada comparado ao que irei narrar-lhe na próxima noite, se eu viver e o rei me preservar". E o rei pensou: "Por Deus que não a matarei até ouvir o fim de sua história, após o que farei com ela o mesmo que fiz com as outras de sua igualha".
>
> *Livro das mil e uma noites.* 2. ed. São Paulo: Globo, 2005, v. I, pp. 119-120.

O que mantém viva Sahrazad é o fato de ela nunca terminar sua história, mantendo acesa a curiosidade do rei: a narrativa é um antídoto para a morte.

O romance costuma apresentar personagens em maior número do que o conto e a novela, além do que, sobretudo no que se refere às personagens principais, há uma maior caracterização delas tanto física quanto psicológica. São elementos constitutivos do romance: ação (evento narrado), personagem, espaço. Cumpre lembrar ainda que a ação se desenrola no tempo, seja ele cronológico ou psicológico. Além disso, há um narrador, aquele que conta a história, que pode ser ou não personagem da história narrada.

A novela

Em português, denomina-se novela o gênero literário narrativo de extensão intermediária entre o romance e o conto, apresentando os mesmos elementos desses gêneros: ação, personagem e espaço. Além disso, assim como o romance, a ação se desenvolve no tempo (geralmente cronológico) e há a presença de um narrador. Em inglês, *novel* e, em espanhol, *novela* designam o gênero literário que, em português, denomina-se romance.

Comparada ao romance, a ação da novela apresenta um ritmo mais rápido, com menos descrições, análises psicológicas e intromissões do narrador. Por haver um predomínio de ações sobre reflexões, o tempo da novela é o cronológico, praticamente sem anacronias, recuos ou avanços na diegese. O espaço não tem um papel relevante, uma vez que a novela centra-se em ações de personagens.

A novela, embora tenha se modernizado, é um gênero bastante antigo. As histórias do *Decameron*, de Boccaccio, textos do século XIV, podem ser consideradas novelas. Embora tenha grande extensão, o *Dom Quixote*, de Cervantes, também deve ser considerado novela, particularmente uma novela que critica as novelas de cavalaria, comuns na Idade Média. São exemplos de novelas modernas *A morte e a morte de Quincas Berro D'Água*, de Jorge Amado, e *A metamorfose*, de Franz Kafka.

A crônica

E a crônica? Deve ser considerada um gênero literário?

A crônica é um gênero de classificação problemática. Se um poema épico ou um romance, por si sós, induzem a classificá-los como literários, o mesmo não ocorre com a crônica, uma vez que intrinsecamente não constitui um gênero literário, podendo pertencer a outras esferas discursivas como o jornalismo ou a historiografia, ou como as crônicas medievais, de que são exemplos as de Fernão Lopes. Por outro lado, esse gênero costuma apresentar características híbridas, em alguns casos aproximando-se do conto. É preciso ressaltar que, via de regra, o conto apresenta uma abordagem mais profunda que a crônica, com personagens, tempo e espaço mais bem trabalhados. Outro fato que costuma distinguir a crônica do conto é o narrador. Enquanto no conto aquele que narra é uma construção ficcional do autor, na crônica, o narrador costuma ser o próprio cronista. O trecho a seguir é o início da última crônica de Carlos Drummond de Andrade, publicada no *Jornal do Brasil*, em 29 de setembro de 1984, na qual ele se despede dos leitores do jornal e do próprio gênero crônica.

> Há 64 anos, um adolescente fascinado por papel impresso notou que, no andar térreo do prédio onde morava, um placar exibia a cada manhã a primeira página de um jornal modestíssimo, porém jornal. Não teve dúvida. Entrou e ofereceu os seus serviços ao diretor, que era, sozinho, todo o pessoal da redação. O homem olhou-o, cético, e perguntou:
> – Sobre o que pretende escrever?

– Sobre tudo. Cinema, literatura, vida urbana, moral, coisas deste mundo e de qualquer outro possível.

O diretor, ao perceber que alguém, mesmo inepto, se dispunha a fazer o jornal para ele, praticamente de graça, topou. Nasceu aí, na velha Belo Horizonte dos anos 20, um cronista que ainda hoje, com a graça de Deus e com ou sem assunto, comete as suas croniquices.

ANDRADE, Carlos Drummond de. Disponível em: <http://www.algumapoesia. com.br/drummond/drummond38.htm>. Acesso em: 8 nov. 2012.

Embora redigida em terceira pessoa, o narrador é o próprio autor, que relata sua trajetória de cronista iniciada há 64 anos, fazendo um breve balanço do que de essencial presenciou e relatou como cronista durante esse tempo, para em seguida despedir-se dos leitores que liam suas crônicas no jornal. Embora não se trate de texto ficcional, ao optar por uma narração em terceira pessoa, o cronista obtém um efeito de sentido diferente do que obteria se sua despedida fosse narrada em primeira pessoa. Ao narrar em terceira pessoa, o autor não fala propriamente de si como pessoa, mas da função social que exerce, cronista, dizendo a seus leitores que não é a pessoa ou o autor Carlos Drummond de Andrade quem está se despedindo dos leitores, mas apenas o cronista Drummond.

O caráter híbrido, aliado ao fato de ser veiculada em órgãos de comunicação de massa, levou alguns críticos a considerarem a crônica um gênero literário menor, ou até mesmo paraliteratura, não tendo a notoriedade do romance ou do conto. O fato de esse gênero ser cultivado por autores literários de prestígio, como Machado de Assis, Eça de Queirós, Carlos Drummond de Andrade, Vinicius de Moraes levou outros críticos a considerarem as crônicas desses autores como literatura. Há ainda casos em que a narrativa ficcional, um romance, por exemplo, aproxima-se da crônica, o que, em alguns casos, se deixa ver a partir do próprio título da obra, como é o caso de *Crônica da casa assassinada*, de Lúcio Cardoso, e *Crônica de uma morte anunciada*, de Gabriel García Márquez.

Uma crônica publicada em jornal, em espaço determinado, pode apresentar características literárias, devido ao uso especial que se faz da linguagem. O fato de ser publicada em jornais determina implicações pragmáticas desse gênero, tais como atingir um número elevado de leitores, adequar-se em termos de linguagem a esses leitores, restringir-se quanto ao tamanho a um espaço prefixado pelo jornal.

A palavra *crônica* provém do radical *chrónos-*, que significa tempo, o que assinala sua propriedade essencial: a temporalidade. A matéria-prima da crônica é, pois, o cotidiano; mas o modo como o cronista apresenta o cotidiano, as considerações que ele faz sobre os fatos narrados a distinguem de outros textos jornalísticos. Ironia, humor, poesia estão presentes em crônicas que, recolhidas posteriormente em livros, continuam sendo lidas, muito tempo depois dos fatos que as geraram. Esses fatos do dia a dia, que alimentam a crônica, acabam sendo meros pretextos para o autor fazer suas críticas e reflexões, por isso o tema da crônica pode ser qualquer um. Vinicius de Moraes afirmava que escrever crônica é "escrever prosa fiada". Sobre o tema da crônica, Carlos Drummond de Andrade afirmava que "Pode ser um pé de chinelo, uma pétala de flor, duas conchinhas da praia, o salto de um gafanhoto, uma caricatura, o rebolado da corista, o assobio do rapaz da lavanderia. Pode ser tanta coisa!".

A crônica é geralmente um texto pessoal, no qual o escritor faz suas observações, fala de suas lembranças, recria o mundo à sua moda, portanto, sem a preocupação de ser absolutamente fiel à realidade, o que o aproxima de um narrador de um texto ficcional. O cronista, ao elaborar seu texto, o faz com uma determinada intenção, que pode ser divertir, criticar, levar o leitor a uma reflexão etc. A crônica narra fatos do cotidiano aparentemente banais, mas que, analisados em conjunto, formam um retrato de determinada época, permitindo que a compreendamos melhor. Porém, justamente por estarem tão intimamente relacionadas com as coisas de seu tempo, muitas crônicas "envelhecem"; parecem não fazer sentido fora da época de sua produção. As crônicas que sobrevivem ao tempo são aquelas que conseguem ultrapassar a mera descrição factual e, por meio da sensibilidade do cronista, mostram no fato passageiro uma dimensão humana, universal e eterna.

Elementos da narrativa

Nas seções anteriores, discuti os três principais gêneros literários narrativos: o conto, a romance e a novela. Para melhor compreensão desses gêneros, passo agora a tratar dos elementos que fazem parte da estrutura narrativa: o narrador, a ação, as personagens, o tempo e o espaço.

O narrador

Uma mesma história pode ser contada de formas diferentes, o que resultará em versões diferentes do mesmo acontecimento. Imagine uma história bem simples e conhecida por todos: Chapeuzinho Vermelho. A história que se conhece relata um fato sob o ponto de vista de Chapeuzinho Vermelho. A história seria outra se contada do ponto de vista do lobo, da vovó, da mãe ou do caçador, ou seja, nas narrativas é fundamental que se identifique quem conta os fatos e de que ponto de vista os conta, pois isso tem implicações não só na organização da narrativa como também na linguagem a ser utilizada. Como se viu, narrador é aquele que narra os fatos e, nos textos ficcionais, não se confunde com autor. Enquanto esse tem existência empírica, o narrador é uma criação ficcional, mesmo que não seja um participante da história.

O narrador é a voz responsável pela enunciação, que é observável no discurso narrativo. Sua função não se exaure no simples narrar dos acontecimentos, podendo fazer intervenções de natureza vária, como é frequente nas narrações dos romances de Machado de Assis, em que o narrador dirige-se diretamente ao narratário, o leitor virtual. A escolha do narratário pelo narrador tem importância fundamental na construção do texto, na medida em que este subentende que aquele compartilha com ele certos conhecimentos prévios, o que lhe permite não explicitar todas as informações, deixando ao leitor a tarefa de preencher as lacunas da narrativa.

O narratário, assim como o narrador, é uma entidade fictícia e que não deve ser confundido com o leitor empírico, como se observa nesse trecho de *Dom Casmurro*: "Sim, leitora castíssima, como diria o meu finado José Dias podeis ler o Capítulo até ao fim sem susto nem vexame" (1979: 869). O leitor empírico de *Dom Casmurro* pode ser do gênero masculino e, se for mulher, pode não ser tão casta. O narratário está para o leitor, assim como o narrador está para o autor.

Na maioria das vezes, o narratário não vem textualmente mencionado, isso não significa que ele não exista, pois, pelos estudos acerca da enunciação, todo *eu* pressupõe um *tu*. Ocorre que nas narrativas o *eu* é sempre mais explicitado que o *tu*. Segue um trecho do romance *Diário da queda*, de Michel Laub.

> Nos meses antes de completar treze anos eu estudei para fazer o Bar Mitzvah. Duas vezes por semana eu ia à casa de um rabino. Éramos seis ou sete alunos, e cada um levava para casa uma fita com trechos da Torá gravados e cantados por ele. Na sala de aula seguinte precisávamos saber tudo de cor, e até hoje sou capaz de entoar aquele mantra de quinze ou vinte minutos sem saber o significado de uma única palavra.
>
> LAUB, Michel. *Diário da queda*. São Paulo: Companhia das Letras, 2011, p. 9.

Nesse trecho do romance, o *eu* que fala (narrador) é visível por meio das marcas linguísticas de primeira pessoa, mas evidentemente esse *eu* dirige-se a um *tu*, que não é explicitado (o narratário). A escolha do narratário é fundamental para a estratégia narrativa, na medida em que é em função do narratário que o autor irá usar as estratégias adequadas na construção do texto, a fim de obter os efeitos pragmáticos pretendidos, o que implica a opção por um gênero literário, por um determinado tipo de linguagem, pela seleção lexical, a fim de obter por parte do leitor a atualização do texto como por ele pretendida. Para tanto, pode-se observar no fragmento lido a isotopia, isto é, a reiteração na cadeia sintagmática, de figuras associadas a um mesmo campo semântico (*Bar Mitzvah, rabino, Torá*), o que contribui para a coerência local do texto. No caso de narrativas que apresentam cartas, o narratário identifica-se com o destinatário da carta, como neste trecho de *Crônica da casa assassinada*, de Lúcio Cardoso: "Não se assuste, Valdo, ao encontrar esta entre seus papéis. Sei que há muito você não espera notícias minhas, e que para todos os efeitos me considera uma mulher morta" (1979: 27).

Nos casos de narrativa em que há monólogo interior, narrador e narratário se confundem numa mesma pessoa, como nesse trecho de *Memórias do subsolo*, de Dostoievski: "Sou um homem doente... Um homem mau. Um homem desagradável. Creio que sofro do fígado. Aliás não entendo níquel da minha doença e não sei, ao certo, do que estou sofrendo" (2000: 15).

Os textos narrativos podem apresentar mais de um narrador; assim, uma mesma história é contada de pontos de vista diferentes. Em *A confissão da leoa*, de Mia Couto, a história é contada em primeira pessoa por duas personagens, Arcanjo Baleiro e Mariamar. O romance *O som e a fúria*, de William Faulkner, é dividido em quatro partes, sendo que cada uma delas é contada por um narrador diferente. Nas três primeiras, três personagens distintos narram a história; na quarta, o narrador é alguém que não participa dos acontecimentos. Isso permite ao leitor acompanhar a história por visões internas diferentes (a das personagens) e pela perspectiva externa (a do narrador em terceira pessoa). No citado romance *Crônica da casa assassinada*, há uma pluralidade ainda maior de narradores: dez personagens participantes da história narram os acontecimentos, numa sobreposição de vozes, configurando o que se denomina um romance polifônico.

O estatuto do narrador é bastante diversificado, ele pode ser participante ou não da história narrada, pode ou não emitir opiniões, pode ter uma visão total ou parcial sobre o que narra, sua narração pode ser objetiva ou subjetiva. Para entender melhor o papel do narrador, faz-se necessário conceituar as seguintes características do discurso narrativo: focalização, foco narrativo e ponto de vista.

Focalização

Usa-se o termo focalização para designar a perspectiva em que se encontra o narrador em relação à diegese (o evento narrado, a fábula). Ela diz respeito àquilo que o narrador vê quantitativa e qualificativamente e que, portanto, é capaz de narrar. A focalização pode ser *externa, interna* ou *onisciente*.

Na focalização externa, o narrador narra apenas o que consegue observar, aquilo que vê ou ouve, não interferindo na história. Sua narração limita-se aos aspectos exteriores da ação e das personagens. Não se trata de um observador privilegiado, na medida em que não é capaz de narrar o que se passa interiormente nas personagens. Na focalização externa, o narrador vê aquilo que outro observador (se existisse) também veria. O conto "Os pistoleiros", de Hemingway, cujo início reproduzimos a seguir é um exemplo.

> A porta do restaurante abriu e dois homens entraram. Sentaram-se em um banquinho na frente do balcão.
> – O que vai ser? – perguntou-lhes George.
> – Não sei – disse um dos homens. – Vai querer o que, Al?
> – Não sei. Não sei o que vou querer – respondeu Al. Estava ficando escuro lá fora. A iluminação da rua clareava a janela. Os dois homens no balcão liam o menu. Nick Adams os observava de uma extremidade do balcão. Ele conversava com George quando os dois entraram.
>
> HEMINGWAY, Ernest. Os pistoleiros. *As neves do Kilimanjaro e outros contos*. Rio de Janeiro: BestBolso, 2011, p. 128.

A ação se passa em um restaurante quando chegam dois pistoleiros ("A porta do restaurante abriu e dois homens entraram"). No restaurante, havia pelo menos duas pessoas, George e Nick Adams, que conversavam antes de os pistoleiros entrarem ("Ele [Nick Adams] conversava com George quando os dois entraram"). Quem narra os fatos não é nenhum dos dois, mas um narrador que testemunha os acontecimentos e vê exatamente o mesmo que outras pessoas que estivessem no restaurante naquele momento veriam.

Na focalização interna, o narrador adota a perspectiva de uma personagem que pertence à história, seja ela o protagonista ou não, limitando-se a narrar aquilo que vê, portanto sua visão é apenas a do espaço em que circula. São exemplos de focalização interna, os romances *São Bernardo*, de Graciliano Ramos, e *Grande sertão: veredas*, de Guimarães Rosa, cujos narradores são as personagens Paulo Honório e Riobaldo, respectivamente.

Na focalização onisciente, tem-se um narrador cujo conhecimento dos fatos e das personagens é praticamente ilimitado, na medida em que não apenas narra o que observa, mas também é capaz de narrar o íntimo das personagens, revelando seus sentimentos e pensamentos mais recônditos, como em *Quincas Borba*, de Machado de Assis. Nesse tipo de narrativa, não se visualiza o narrador. É como se a história contasse a si própria.

Foco narrativo

O foco narrativo refere-se à participação ou não do narrador no evento narrado, se ele é participante ou não da história como personagem. O narrador não participante é chamado de *heterodiegético*, por exemplo, o narrador de "A cartomante", de Machado de Assis. Quando participa da história e é o protagonista será chamado de *autodiegético*, por exemplo, Riobaldo, em *Grande sertão: veredas*. No caso de ser uma outra personagem, que não o protagonista, como o Dr. Watson das narrativas de Conan Doyle em que Sherlock Holmes é o protagonista, e Ismael, o narrador de *Moby Dick*, de Herman Melville, será chamado de *homodiegético*.

Nas narrativas mais modernas, pode-se observar alternância de foco narrativo, como no conto "As babas do diabo", de Julio Cortázar, em que o próprio narrador inicia a narrativa dizendo não saber qual a forma que usará para narrar ("Nunca se saberá como isso deve ser contado, se na primeira ou na segunda pessoa, usando a terceira do plural ou inventando formas que não servirão para nada."). O conto, que serviu de argumento ao filme *Blow-up*, de Michelangelo Antonioni, tem por protagonista um fotógrafo amador, Roberto Michel, que inicia a narração contando sua própria história, portanto um narrador autodiegético ("Vamos contar devagar, já se verá o que acontece à medida que escrevo."). No parágrafo seguinte, o foco narrativo se altera e um narrador heterodiegético passa a narrar em terceira pessoa a história ("Roberto Michel, franco-chileno, tradutor e fotógrafo amador nas horas vagas, saiu do número 11 da rue Monsieur-le-Prince no domingo 7 de novembro passado [...]"). A alternância do foco narrativo prossegue até o final do conto ("[...] ninguém sabe direito quem é que verdadeiramente está contando, se sou eu ou isso que aconteceu, ou o que estou vendo [...]"). Segue um trecho do *Livro das mil e uma noites*.

> Na noite seguinte, Sahrazad disse:
> Conta-se, ó rei venturoso, que a jovem dona de casa disse para o califa:
> Então, ó príncipe dos crentes, o jovem tirou o exemplar do Alcorão de sua frente, depositando-o no nicho que indicava a direção da Caaba, e me acomodou a seu lado. Contemplei-lhe o rosto, e eis que era como o plenilúnio quando surge, e gracioso de formas, tal como disse a respeito o poeta [...]
> *Livro das mil e uma noites.* 2. ed. São Paulo: Globo, 2005, v. I, p. 191.

No *Livro das mil e uma noites*, há o encaixamento de narrativas dentro de outras, em que para cada história há um narrador, que pode diferenciar-se do(s) outro(s) quanto ao foco narrativo adotado. Num primeiro nível, há um narrador primário, heterodiegético, onisciente, que conta uma história com uma personagem, Sahrazad, filha do vizir do rei Sahriyar, que será sacrificada pelo rei ("Conta-se [...] que havia em tempos remotos, no reino sassânida, nas penínsulas da Índia e da Indochina, dois reis irmãos, o maior chamado Sahriyar e o menor, Sahzaman"). Sahrazad, para escapar da morte, conta toda noite uma história ao rei. Nessas histórias, entram outros narradores, que são personagens das histórias que contam.

Num segundo nível, Sahrazad é narradora autodiegética, com focalização interna, porque é personagem da história principal, mas não é personagem das histórias narradas ao rei (o narratário). Nessas histórias, temos um narrador autodiegético, porque pertence à história, com focalização interna. Esquematizo.

> **narrador 1**: "Na noite seguinte, Sahrazad disse"
> **narrador 2** (Sahrazad): "Conta-se, ó rei venturoso, que a jovem dona de casa disse para o califa."
> **narrador 3** (dona de casa): "Então, ó príncipe dos crentes, o jovem tirou o exemplar do Alcorão de sua frente, depositando-o no nicho que indicava a direção da Caaba, e me acomodou a seu lado."

O estatuto do narrador pode apresentar desdobramentos, (um narrador introduzindo outro narrador), o que acarretará também desdobramentos de narratários. Mais do que classificar o narrador, o importante, na leitura, é que se observem em cada texto as vozes que narram e de onde narram, atentando que a mudança de narrador terá implicações na estrutura do enredo. Em outros termos, ao ler uma narrativa de ficção, deve-se procurar responder a algumas perguntas: 1. *Quem narra os acontecimentos?* 2. *De que lugar está narrando?* 3. *Onde o narrador foi buscar as informações que transmite ao leitor?* 4. *Qual a atitude do narrador face àquilo que conta?*

Ponto de vista

O ponto de vista diz respeito à atitude do narrador face ao que é narrado, ou seja, se se trata de uma narração objetiva, em que ele procura narrar sem manifestar juízos de valor, sendo imparcial, ou de uma narração subjetiva, em que além de narrar, emite opiniões e juízos sobre o que narra.

Assinale-se que os conceitos de narração objetiva e subjetiva referem-se apenas e tão somente ao fato de o narrador exprimir ou não juízos, ou seja, os conceitos referem-se à subjetividade e à objetividade da narrativa. Considero necessário insistir nisso, para que não se confunda com a noção de subjetividade do discurso, como proposta por Benveniste (1989), para quem a subjetividade refere-se às marcas do enunciador no discurso no enunciado. No mesmo sentido, Koch (2003) ressalta que as marcas de subjetividade estão presentes em todos os discursos, afirmando que "[...] não há texto neutro, objetivo, imparcial: os índices de subjetividade se introjetam no discurso".

No quadro a seguir, sistematizo o exposto, no que se refere ao narrador.

NARRADOR				
	PERSPECTIVA	FOCALIZAÇÃO	Externa	O narrador não pertence à história, narra como testemunha apenas o que vê ou ouviu. Visão não privilegiada.
			Interna	O narrador pertence à história e narra aquilo que vê. Sua visão é apenas a do espaço em que circula.
			Onisciente	Trata-se de um narrador privilegiado. Narra não só o que observa, mas também pode narrar o íntimo das personagens.
	PARTICIPAÇÃO	FOCO NARRATIVO	Heterodiegético	Não é participante da história.
			Autodiegético	Participa da história como protagonista.
			Homodiegético	Participa da história como personagem secundária.
	ATITUDE	PONTO DE VISTA	Objetivo	Relata imparcialmente, sem emitir juízos de valor.
			Subjetivo	Narra os acontecimentos e ainda exprime juízos de valor.

Em alguns textos narrativos mais modernos, particularmente em certos contos de Hemingway, pode-se observar uma eliminação do narrador, ou uma restrição de seu papel. Tais narrativas se aproximam do drama, em que não há um narrador, mas apenas personagens dialogando. Dessa forma, há uma aproximação do leitor com a história, pois, eliminando-se ou restringindo-se ao máximo o papel do narrador, as cenas se desenrolam para o leitor como estivessem acontecendo diante dele. Observe esse recurso neste trecho que inicia "Cinquenta mil", um conto de Hemingway, praticamente estruturado em forma de diálogo.

– E você como vai, Jack? – perguntei.
– Viu esse Walcott?
– No ginásio.
– Vou precisar de muita sorte com esse garoto – falou Jack.
– Ele não pode com você, Jack – afirmou Soldier.
– Deus queira que não.
– Ele não pode com você nem a chumbo.
– Quem me dera fosse só com chumbo – admitiu Jack.
– Ele parece fácil de acertar – falei.
– Parece – concordou Jack. Ele não vai durar muito. Não vai durar como você e eu, Jerry. Mas, no momento, está com tudo.
– Você despacha ele com a esquerda.
– Pode ser. Pode até ser.

HEMINGWAY, Ernest. Cinquenta mil. *As neves do Kilimanjaro e outros contos*. Rio de Janeiro: BestBolso, 2011, pp. 38-64.

Nesse conto, o narrador homodiegético Jerry intervém apenas para indicar por meio de verbos de elocução de quem é a voz que fala nos diálogos. Seu papel se resume a isso. No mais, a história desenrola-se para o leitor como num drama em que os atores representam diante de um público. Não há descrições das personagens, competindo ao leitor formar a caracterização delas com base nos diálogos de que participam.

O escritor brasileiro Lourenço Mutarelli chega a radicalizar esse procedimento, na medida em que sequer usa verbo de elocução para indicar de quem é a voz que fala nos diálogos, optando pela indicação do nome da personagem antes de cada fala, como nos textos teatrais, como se pode observar neste trecho de seu romance *O natimorto*.

> O Agente – Querida...
> A Esposa – Seu trouxa! O que que está acontecendo? Cê tá dormindo com essa vagabunda?!
> O Agente – Querida! Pelo amor de Deus, fale baixo!
> A Esposa – Você não acha que eu vou deixar você levar essa fraude... essa vigarista... ao Maestro, acha?
> O Agente – Querida, você está com ciúme?
> A Esposa – Não seja ridículo!
> A Esposa – O que eu não quero é passar vergonha diante do Maestro. Logo o Maestro! Tão sofisticado...
> O Agente – Eu não vou permitir que você interfira nos meus negócios.
> A Esposa – Ah! O Maestro... aquilo, sim, é que é homem.
> O Agente – Querida, a carne está queimando!
> A Esposa – Isso ainda é pouco. Eu vou servi-la cremada.
>
> MUTARELLI, Lourenço. *O natimorto*. São Paulo: Companhia das Letras, 2009, p. 16.

Essa técnica adapta-se bem a textos mais curtos e é caracterizada pelas sequências dialogais, com diálogos curtos em discurso direto, que vão constituir cenas narrativas, normalmente apresentadas sem anacronias. Como essa forma de narrativa está centrada nos diálogos, não só o narrador tem seu papel reduzido, como também são reduzidas as descrições de personagens e cenários. O conhecimento que o leitor tem das personagens decorre da interação entre elas. O texto a seguir abre o romance *Quincas Borba*, de Machado de Assis. Nele, comento o papel do narrador.

> Rubião fitava a enseada, – eram oito horas da manhã. Quem o visse, com os polegares metidos no cordão do chambre, à janela de uma grande casa de Botafogo, cuidaria que ele admirava aquele pedaço de água quieta; mas, em verdade, vos digo que pensava em outra coisa. Cotejava o passado com o presente. Que era, há um ano? Professor. Que é agora? Capitalista! Olha para si, para as chinelas (umas chinelas de Túnis, que lhe deu recente amigo, Cristiano Palha), para a casa, para o jardim, para a enseada, para os morros e para o céu; e tudo, desde as chinelas até o céu, tudo entra na mesma sensação de propriedade. – Vejam como Deus escreve direito por linhas tortas, pensa ele. Se mana Piedade tem casado com Quincas Borba, apenas me daria uma esperança colateral. Não casou; ambos morreram, e aqui está tudo comigo; de modo que o que parecia uma desgraça...
>
> ASSIS, Machado de. Quincas Borba. *Machado de Assis*: obra completa. Rio de Janeiro: Aguilar, 1979, p. 643.

Nesse trecho, o narrador centra seu foco em Rubião, o protagonista do romance, situando-o no tempo e no espaço ("Eram oito horas da manhã"; "à janela de uma grande casa de Botafogo"). Como se viu, a narrativa desenrola-se no tempo. Ao usar o pretérito imperfeito (*fitava*), o narrador institui um tempo do discurso que remonta o fato a ser contado a um tempo não definido em relação ao momento da enunciação, o que é próprio de narrativas ficcionais (basta lembrar do "Era uma vez" com que se começam tantas histórias). Como se dispusesse de uma câmara, vai se aproximando de Rubião até penetrar em seu interior, "vendo" seus pensamentos, o que reforça o caráter ficcional do texto. Essas primeiras frases não têm, portanto, apenas o propósito de apresentar Rubião ao leitor. Elas têm também a função de inserir o interlocutor no discurso ficcional.

O que passa a narrar em seguida não é mais a imagem objetiva do que ele, narrador, vê (a figura física, suas roupas), mas o que é visto a partir de Rubião, que não é o que um observador comum veria ("cuidaria que ele admirava aquele pedaço de água quieta"). Esse narrador, dada a posição que ocupa, pode narrar tudo a respeito de Rubião, pois tem um saber completo sobre a personagem. Quanto à perspectiva, temos focalização externa.

Como se pode notar, o narrador não participa diretamente daquilo que conta, isto é, não pertence à história como personagem. Ocupa uma posição privilegiada, na medida em que tem uma visão "de fora" dos acontecimentos narrados, o que lhe possibilita não só ver o que Rubião fazia e como se vestia naquele momento ("fitava a enseada", "polegares metidos no cordão de chambre", "chinelas de Túnis"), mas também "ver" o que se passava na cabeça dele ("pensava em outra coisa", "cotejava o passado com o presente"). Em decorrência da posição em que se encontra o narrador no plano do discurso, expressa posicionamento ideológico a respeito de Rubião: que o sentimento que marca a personagem em relação às coisas é o de propriedade ("tudo entra na mesma sensação de propriedade", "aqui está tudo comigo").

Nesse exemplo, o narrador situa-se fora da história (diegese), tem onisciência, ou seja, sabe tudo a respeito das personagens e emite juízos de valor. Tem-se, então, quanto à focalização, um narrador onisciente, porque conhece tudo sobre o que narra; quanto ao foco narrativo, um narrador heterodiegético, porque não é personagem da história que narra; e, quanto ao ponto de vista, um narrador subjetivo, porque exprime juízos particulares em relação ao que narra.

A relação que se estabelece entre narrador e história narrada é determinante na constituição do enredo, pois não apenas determina o que o narrador "vê", mas também de onde "vê" e, consequentemente, o que pode narrar e que visão de mundo é expressa na narrativa.

A ação

O romance, como se disse, conta uma história. Aqui é necessário que se faça uma distinção importante. Há nos gêneros narrativos a história propriamente dita, aquela que reproduzimos para alguém, quando nos pede que conte do que trata um romance ou um conto. Esse conjunto de acontecimentos que se encadeiam cronologicamente, ainda sem tratamento literário, recebe o nome de *fábula*, segundo os formalistas, ou *diegese*, segundo os estudos de narratologia. Coisa diferente é a forma como esses acontecimentos são narrados e apresentados literariamente. Esse constituinte da narrativa recebe o nome de *trama, intriga* ou *enredo*.

Nesta obra, uso os termos *fábula* para a história propriamente dita, independentemente da forma como está estruturada, e *enredo* para a forma como a história é narrada, ou seja, o enredo diz respeito à estrutura do texto. Em síntese: a fábula relata o que efetivamente ocorreu; o enredo, a maneira como o leitor toma conhecimento da fábula. Se na fábula os acontecimentos se encadeiam cronologicamente, no enredo o encadeamento se dá por relações de causa e efeito, por isso nem sempre o enredo apresenta os fatos em ordem cronológica. A distinção que faço entre fábula e enredo é meramente didática, já que o texto de uma narrativa ficcional é uma unidade e não se pode, portanto, separar a história da forma como é contada. No dia a dia, é comum as pessoas contarem aos outros com suas palavras as histórias das narrativas que leem. A isso dá-se o nome de paráfrase, mas a paráfrase de uma obra literária não é uma obra literária. O que leva a concluir que, embora a história narrada seja a matéria-prima de um texto literário, ela não é por si só garantia da literariedade do texto. Todos temos boas histórias para contar, daí transformá-las em uma obra literária vai um grande passo.

Um aspecto que julgo importante e que não posso deixar de assinalar é o fato de a verossimilhança de uma narrativa não decorrer da história em si, mas da forma como é contada. Quando me referi à mímesis, disse que ela está ligada à imitação. O que se imita na obra narrativa são as ações, e estas é que têm de ser verossímeis, isto é, entre as sequências narrativas deve haver uma relação de não contradição que permita ao leitor processar o texto como coerente. Na novela *A metamorfose*, de Franz Kafka, o leitor aceita que o protagonista Gregor Samsa, ao acordar, se veja transformado num grande inseto. Em *Incidente em Antares*, de Érico Veríssimo, também se aceita que os mortos se reúnam no coreto, decompondo-se e empesteando o ar da cidade, para exigir que sejam sepultados. Nosso conhecimento de mundo nos diz que pessoas se transformarem em baratas e mortos se reunirem em protesto são fatos implausíveis de ocorrer na realidade objetiva. No entanto, a realidade ficcional expressa pela obra literária não obedece às mesmas leis da realidade física. Da forma como a novela de Kafka e o romance de Érico Veríssimo foram enredados, sem contradições internas e transportando o leitor para o universo ficcional do absurdo, ganham um poder de persuasão tal, que se aceita a metamorfose de um humano em inseto e mortos reunirem-se em praça pública para acertarem as contas com os vivos.

Um bom enredo tem a capacidade de anestesiar o leitor, fazendo com que ele se desligue do mundo real, para levá-lo a aceitar como verdade a mentira mais absurda. A fábula resulta de um encadeamento coesivo de motivos, em sequências narrativas. O termo *motivo*, segundo Reis e Lopes (2011), provém da esfera da música, em que é usado como "unidade mínima musicalmente significativa que tende a repetir-se ao longo da partitura". Em teoria literária, essa palavra passa a ser empregada para designar unidades mínimas temáticas que estruturam uma narrativa. O conjunto de motivos de uma narração irá constituir o tema. Se o tema de uma obra é abstrato (o adultério, o amor, o ciúme, a vingança etc.), o mesmo não ocorre com os motivos, uma vez que correspondem a ações presentes na narrativa, que concretizam o tema.

A palavra *motivo* etimologicamente está ligada ao verbo latino *movere* (mover). O motivo é, pois, o que move a narrativa, o que faz com que ela avance. Em outros termos, a progressão narrativa se obtém pela sequenciação coesa de motivos, o que determina a coerência do texto. O tema de *Madame Bovary*, de

Gustave Flaubert, é o adultério. No nível da enunciação, o leitor depara-se com várias ações de Emma Bovary que se encadeiam formando a narração. Essas ações (casar-se com Charles / sentir-se deprimida / envolver-se com um amante / entregar-se a ele / ter outro amante / envenenar-se) são alguns dos motivos do romance.

Vladimir Propp (2010), que estudou os contos populares, considera motivos traços comuns a obras diferentes, que se combinam de maneiras diversas e que são responsáveis por funções diversas. Segundo esse autor, nos contos populares, personagens as mais diferentes possíveis realizam as mesmas ações ou funções. Em outras palavras, nesse tipo de narrativa mudam as personagens e suas caracterizações, mas as funções que exercem são sempre as mesmas e aparecem sempre na mesma ordem de sucessão, o que possibilita classificar os contos populares em categorias conforme as funções, que são em número limitado (31). São exemplos de funções apontadas por Propp: impõe-se ao herói uma proibição; a proibição é transgredida; o antagonista procura obter uma informação; o antagonista tenta ludibriar sua vítima para apoderar-se dela ou de seus bens; o herói deixa a casa; o herói e seu antagonista se defrontam em combate direto; o inimigo é castigado; o herói se casa e sobe ao trono. Quanto às personagens, Propp identifica sete esferas de ação: o antagonista (o que faz mal); o doador (o que dá o objeto mágico ao herói); o auxiliar (o que ajuda o herói no seu percurso); a princesa e seu pai (não tem de ser obrigatoriamente o rei); o mandatário; o herói e o falso herói.

O enredo diz respeito a como a fábula se organiza a fim de obter um efeito artístico, ou seja, é o tratamento literário dado à fábula, material pré-literário. Para melhor compreender isso, basta lembrar que a fábula é uma sequência de ações que sucedem no tempo cronologicamente: uma história tem começo, meio e fim. No entanto, o autor, valendo-se de estratégias discursivas, pode dispor os acontecimentos em outra ordem, fazendo intencionalmente digressões (*flashbacks* ou analepses) que alteram a sequência temporal dos fatos narrados. No romance policial, por exemplo, é comum narrar-se inicialmente o crime, escondendo-se o seu autor, e depois narram-se os fatos que antecederam o crime, encadeando os motivos de forma a atiçar a curiosidade do leitor.

O conto "A morte de Ivan Ilitch", de Tolstoi, inicia-se pelo funeral do protagonista; em seguida passa a ser narrada retrospectivamente a vida de Ivan até sua morte. Outra forma de enredar uma história é apresentar ao leitor episódios (capítulos) que, aparentemente, não têm relação uns com os outros e, num determinado momento da narrativa, esses episódios se integram, possibilitando ao leitor estabelecer conexões entre eles, como no romance *Detetives selvagens*, do escritor chileno Roberto Bolaño. Nesse romance, essa aparente desvinculação dos episódios é ainda reforçada pelo fato de eles ocorrerem em tempos e lugares distintos. O capítulo 19, por exemplo, fala da personagem Amadeo Salvatierra, que está no México, em 1976. No capítulo seguinte, a personagem Xosé Lendoiro está em Roma, em 1992. Em *O complexo de Portnoy*, de Philip Roth, o narrador autodiegético, Alexander Portnoy, narra sua vida a um psicanalista seguindo o tempo de suas lembranças, que não coincide com a cronologia de sua vida. Assim, num momento, ele relata um fato de sua vida adulta e, no momento seguinte, um fato de sua infância. Cabe ao leitor, como numa técnica psicanalítica, construir a trajetória da vida de Portnoy a partir de fragmentos narrados sem aparente relação de uns com os outros.

Em outras narrativas modernas, pode-se observar até mesmo o abandono de formas tradicionais de enredo, em que ocorre descronologização e a narração passa a seguir o fluxo de consciência da personagem, como se pode observar nos romances de Virgínia Woolf, William Faulkner, James Joyce, Clarice Lispector, por exemplo. Uma obra aqui já mencionada, o romance *O jogo da amarelinha*, de Julio Cortázar, apresenta uma técnica inovadora de narrar, tanto que o romance pode ser lido de diversas formas. O leitor é quem decide a forma de lê-lo, podendo fazê-lo do modo tradicional, página após página, ou lendo os capítulos não na ordem em que aparecem no livro, mas em outra sequência sugerida pelo autor, o que evidentemente redundará em histórias diferentes.

Se a fábula é o material pré-literário, a leitura de um texto literário narrativo pressupõe que o leitor não se restrinja ao nível da fábula, mas que perceba como o autor a apresentou, por isso não tem sentido uma prática comum entre estudantes de, em vez de lerem as obras solicitadas para os exames vestibulares ou provas, restringirem-se à leitura de resumos, já que, por mais bem elaborado que seja o resumo, ele costuma ficar restrito ao nível da fábula, não conseguindo reproduzir o trabalho do autor com o enredo. O mesmo ocorre com a adaptação de obras literárias para outras linguagens (cinema, televisão, história em quadrinhos). Se a fábula pode ser parafraseada, há uma intradutibilidade do enredo construído verbalmente para uma linguagem que se apoia em outro sistema de signos, pois no nível do discurso não são os acontecimentos narrados que contam, mas a forma de contá-los. Não é sem razão que Ernest Hemingway, em sua obra *As torrentes da primavera*, num determinado momento da narrativa alerta diretamente o leitor para que perceba que o trecho que acabou de ler, já no meio da narrativa, liga-se, no nível da fábula, ao início da obra, ou seja, a narração se inicia *in media res*, como fica claro no trecho a seguir: "No caso de o leitor começar a ficar confuso, informo-o de que regressamos ao ponto em que a história se iniciou com Yogi Johnson e Scripps O'Neil na própria fábrica de bombas [...]" (1999: 49).

> Narrativa *in media res* é aquela que se inicia no meio dos acontecimentos e não no princípio, subvertendo, no nível do enredo, a cronologia dos acontecimentos da fábula. Os poemas épicos (*Os lusíadas*, *Odisseia*, *Ilíada*) são exemplos de narrativas *in media res*.

Um recurso bastante antigo utilizado no enredo de narrativas é o encaixamento, também chamado de caixa chinesa ou boneca russa, que consiste em encaixar uma história dentro de outra. O exemplo típico desse recurso pode ser encontrado nas narrativas do *Livro das mil e uma noites*. Sahrazad, para escapar da morte, conta ao sultão histórias valendo-se do artifício de encaixar uma nas outras, conseguindo assim sobreviver. No *Livro das mil e uma noites*, o ato de contar histórias torna-se o próprio motivo da narrativa, na medida em que há uma história dentro de outra história, dentro de outra história e assim por mil e uma noites.

Outros recursos usados na estruturação do enredo são a alternância e o encadeamento. Na alternância, como o próprio nome indica, duas fábulas são contadas alternadamente, como em *A confissão da leoa*, de Mia Couto. No encadeamento, há justaposição de histórias diferentes; assim que uma termina inicia-se outra, como em *Dom Quixote*, de Cervantes. Essas formas de estruturar o enredo correspondem aos processos sintáticos básicos: na alternância e no encadeamento há coordenação de fábulas, ao passo que no encaixamento, ocorre a subordinação.

O tempo

Numa narrativa ficcional, toma-se contato com uma história que se desenrola no tempo, ou seja, a história narrada tem um agora, um antes e um depois. Thomas Mann, em *A montanha mágica*, nos diz que a narrativa dá conteúdo ao tempo, fazendo que ele "tenha algum valor próprio". Nas narrativas ficcionais, o tempo, assim como o narrador e as personagens, é criação do autor. Sendo o tempo da narrativa um tempo ficcional, e não histórico, temos de analisá-lo sob esse prisma. Levando em conta a tripartição do tempo em passado, presente e futuro, pode-se dizer que narrar é presentificar, no sentido de que acontecimentos passados ou futuros são trazidos para o discurso narrativo e se tornam presentes para o leitor.

Nas narrativas ficcionais, devem-se distinguir dois tempos: o tempo da fábula, que corresponde ao tempo que durou a história, e o tempo do discurso. A relação entre esses dois tempos é essencial para a organização da narrativa literária. O tempo da fábula tem extensão variável. A história narrada pode ter duração de um dia, como nos romances *Ulisses*, de James Joyce, e *Mrs. Dalloway*, de Virgínia Woolf, ou cem anos, como em *Cem anos de solidão*, de Gabriel García Márquez. Normalmente, a passagem do tempo da fábula é marcada linguisticamente, por meio de expressões como "na semana seguinte", "Depois das quatro horas foi dormir [...] Pouco dormiu; acordou às sete horas" ("Um homem célebre", Machado de Assis) etc., assim como indicações de quando os fatos narrados ocorreram: "Era no tempo do rei" (*Memórias de um sargento de milícias*, de Manuel Antônio de Almeida), "No princípio do mês de abril de 1813 [...]" (*A mulher de trinta anos*, de Balzac). Em alguns contos e, especialmente nos contos de fadas, prevalece a indicação de tempo de forma vaga: "Era uma vez um homem e uma mulher que havia muito desejavam ter filhos, mas nunca tinham conseguido" ("Rapunzel", recolhido pelos irmãos Grimm); "Foi de incerta feita – o evento" (*Famigerado*, de Guimarães Rosa). Nesses casos, a indicação temporal tem mais a função de distanciar o acontecimento no tempo da matéria narrada do que de situá-lo. As narrativas ficcionais podem comportar um outro tempo da fábula, um tempo subjetivo vivenciado pela personagem e que não pode ser medido em termos cronológicos, a que damos o nome de tempo psicológico, como ocorre, por exemplo, em romances de Virgínia Woolf e em narrativas de Clarice Lispector. Trata-se de um tempo subjetivo em que a personagem mergulha em si mesma, retornando ao passado pela memória ou projetando-se num futuro. Uma das técnicas mais usadas para marcar o tempo psicológico é o monólogo interior ou solilóquio, pelo qual se representa o fluxo de consciência de personagens.

O monólogo interior difere-se do monólogo comum, na medida em que é um discurso que não possui auditor que não a própria personagem, tem-se uma expressão íntima do pensamento da personagem e, quanto à sua forma, a organização sintática dos enunciados costuma afastar-se de um padrão convencional, na medida em que os elementos responsáveis pela coesão gramatical nem sempre estão presentes, configurando muitas vezes um discurso caótico, como neste trecho de *Ulisses*, de James Joyce:

> Ó sim a tia dela gostava muito de ostras mas eu lhe disse o que eu pensava dela sugerindo que eu saísse para que ele ficasse sozinho com ela eu não ia me rebaixar espionando os dois as ligas que eu encontrei no quarto dela na sexta-feira em que ela saiu aquilo foi o bastante para mim um pouco demais o rosto dela se inflou de raiva quando eu paguei suas semanas de trabalho eu cuidei disso é melhor passar de todo sem elas eu arrumo os quartos eu mesma mais rápido a não ser pela infeliz da cozinha e a limpeza do pó eu dei uma lição nele de qualquer forma ou ela ou eu saio de casa eu não podia sequer tocar nele se eu pensasse que ele estava com uma suja mentirosa descarada e desleixada [...]
>
> JOYCE, James. *Ulisses*. Rio de Janeiro: Objetiva, 2005, p. 766.

À medida que se lê, percebe-se que não só o tempo da história passa, ora mais rápido, ora mais devagar, em outros casos até retornando a um acontecimento que ficou lá no passado, mas também que o tempo que se destina à leitura também passa. Pode-se em uma hora de leitura acompanhar anos de uma história, ou ficar dias lendo uma história que ocorreu num único dia, como no *Ulisses*, de Joyce, que em suas mais de 900 páginas e mais de 400.000 palavras narra um dia, 16 de junho de 1904, da vida do protagonista, Leopold Bloom, em Dublin, Irlanda.

No romance (e isso vale para as demais formas narrativas), o tempo da fábula pode estar indicado na narrativa (um dia no caso de *Ulisses*; cem anos no romance *Cem anos de solidão*), no entanto, não são todos os acontecimentos ocorridos nesse tempo que são narrados, na medida em que somente são trazidos para a narrativa o que é significativo. O tempo cronológico, que é linear e pode ser mensurado, é um tempo condensado, uma vez que o narrador muitas vezes dá saltos temporais, como nesta passagem de *O estranho caso de Dr. Jekyll e Mr. Hyde*, de Robert Louis Stevenson: "Quase um ano depois, em outubro de 18..., Londres foi abalada por um crime de ferocidade singular, que despertou ainda mais atenção pela alta posição da vítima." O que aconteceu nesse quase um ano que antecedeu o crime não nos é narrado, porque, para o narrador, o que ocorreu nesse intervalo de tempo não é relevante.

Em *Billy Budd*, de Herman Melville, o narrador não só dá um salto temporal, como ainda informa o leitor que o faz, porque nada de relevante ocorreu entre um tempo e outro, como se pode observar no trecho a seguir: "Após a misteriosa entrevista ao abrigo da enxárcia do traquete, encerrada de modo tão brusco por Billy, nada de mais relevante para a história ocorreu até sobrevirem os acontecimentos narrados a seguir."

Em "O peru de Natal", de Mário de Andrade, o narrador dá um salto de cinco meses na história, ao passar da morte do pai aos acontecimentos narrados no conto: "Morreu meu pai, sentimos muito, etc. Quando chegamos nas proximidades do Natal...". O narrador de *Memórias de um sargento de milícias*, de Manuel Antônio de Almeida, dá um salto temporal de alguns anos na narração das peripécias do protagonista Leonardo, como se observa no trecho a seguir:

> Os leitores já devem estar fatigados de histórias de travessuras de criança; já conhecem suficientemente o que foi o nosso memorando em sua meninice, as esperanças que deu, e o futuro que prometeu. Agora vamos saltar por cima de alguns anos, e vamos ver realizadas algumas dessas esperanças.
>
> ALMEIDA, Manuel Antônio de. *Memórias de um sargento de milícias*. Cotia: Ateliê, 2006, p. 171.

No romance *Fome*, do escritor norueguês Knut Hamsun, a segunda parte começa assim: "Algumas semanas depois, vagueava eu pelas ruas da cidade." Entre os fatos narrados na primeira parte e na segunda, há um vácuo de algumas semanas sobre as quais o leitor nada sabe. Isso decorre do fato de que a primeira parte termina quando o narrador recebe dez coroas e, portanto, passa ter algum dinheiro para se alimentar. A narrativa, como o título do romance indica, está centrada na fome que a personagem passa durante sua vida, razão pela qual o narrador nada diz ao leitor sobre o breve tempo em que não passou fome.

O tempo do discurso já não é tão simples de medir. Segundo Benveniste (1989), ele tem por eixo o presente pelo qual se organiza toda referência temporal, prospectiva ou retrospectivamente, indicando no nível da fábula o que já ocorreu e o que ainda vai ocorrer por meio de expressões dêiticas como *ontem, amanhã, antes, depois*. Na narrativa ficcional, temos anacronias, isto é, o tempo da fábula nem sempre coincide com o tempo do discurso, já que um fato ocorrido no final da história pode ser narrado no início dela. Nos poemas épicos da tradição greco-romana, a narrativa começa *in media res*, isto é, num ponto já adiantado da fábula, o que obriga o narrador, no plano do discurso, a voltar para narrar o que aconteceu antes no plano da fábula.

Há também casos de narrativas que se iniciam *in ultima res*, ou seja, o final da fábula é apresentado no início da narrativa. Essas anacronias podem ser retrospectivas (analepse ou *flashback*), como em *Noturno do Chile*, de Roberto Bolaño, em que um narrador autodiegético, pouco antes de morrer, narra no presente, num monólogo de um único parágrafo, acontecimentos passados de sua vida, reconstituindo-os pela memória: "Agora estou morrendo, mas ainda tenho muita coisa para dizer"; ou, o que é menos frequente, prospectivas (prolepse), antecipando um episódio posterior ao presente da ação.

Em *Cem anos de solidão*, Gabriel García Márquez recorre a antecipações da fábula. A frase que abre a genial obra de Márquez projeta o leitor para um acontecimento que ocorrerá mais tarde: "Muitos anos depois, diante do pelotão de fuzilamento, o Coronel Aureliano Buendía havia de recordar aquela remota tarde em que seu pai o levou para conhecer o gelo". Note que se trata de prospecção ("muitos anos depois") de um acontecimento que viria a ser relembrado, "havia de recordar aquela remota tarde" (analepse), configurando o tratamento circular que o narrador dá ao tempo nessa obra-prima.

No romance *A marca humana*, de Philip Roth, o narrador refere-se à morte das personagens, que ocorrerá quatro meses depois, como mostra o trecho a seguir:

> Quando os dois já estivessem enterrados, quatro meses depois, eu relembraria aquele episódio no estábulo de ordenha como se fosse um espetáculo teatral em que eu fizera uma ponta, em que atuara como figurante, que é o que sou agora, de fato.
>
> ROTH, Philip. *A marca humana*. São Paulo: Companhia das Letras, 2002, p. 71.

Como se pode observar, o segmento começa com forma verbal no futuro (*Quando estivessem enterrados*), que se refere às personagens que morreriam quatro meses depois. A forma do futuro do pretérito (relembraria) refere-se ao narrador, que se projeta num tempo futuro (o tempo da morte das personagens, que ocorreria quatro meses depois), num movimento de prospecção narrativa que antecipa ao leitor eventos que ainda vão ocorrer (prolepse).

A narração de um fato por analepse ou prolepse implica estratégias textuais quanto ao emprego dos tempos verbais, a fim de estabelecer coesão textual à narrativa. Em *Billy Budd*, um narrador no presente relata um fato passado, por isso predominam os verbos no pretérito perfeito. Num determinado ponto da narração, o narrador retorna a um ponto anterior no tempo da fábula. Do ponto de vista dos tempos verbais, esse fato, como se pode observar no trecho a seguir, é narrado não no pretérito perfeito, mas no mais-que-perfeito.

> Uns dois anos antes dos tempos em que se desenrola a presente história, ele fizera parte da tripulação da nau Agamennon, tendo lá servido quando Nelson ainda era o comandante da embarcação, que acabou entrando para a imortalidade da memória naval e que, desaparelhada, com as balizas parcialmente à mostra, surge como um esqueleto grandioso na gravura de Haden. Na qualidade de integrante do destacamento da Agamennon, ele sofrera em uma das faces um corte oblíquo que ia da têmpora à maçã do rosto, depois transformado em longa e pálida cicatriz [...]
>
> MELVILLE, Herman. *Billy Budd*. São Paulo: Cosac&Naify, 2006, pp.53-54.

Para entender melhor o tempo ficcional, segue um trecho do primeiro capítulo de *Memórias póstumas de Brás Cubas*, de Machado de Assis.

> **Óbito do Autor**
>
> Algum tempo hesitei se devia abrir estas memórias pelo princípio ou pelo fim, isto é, se poria em primeiro lugar o meu nascimento ou a minha morte. Suposto o uso vulgar seja começar pelo nascimento, duas considerações me levaram a adotar diferente método: a primeira é que eu não sou propriamente um autor defunto, mas um defunto autor, para quem a campa foi outro berço; a segunda é que o escrito ficaria assim mais galante e mais novo. Moisés, que também contou a sua morte, não a pôs no introito, mas no cabo; diferença radical entre este livro e o Pentateuco.

> Dito isto, expirei às duas horas da tarde de uma sexta-feira do mês de agosto de 1869, na minha bela chácara de Catumbi. Tinha uns sessenta e quatro anos, rijos e prósperos, era solteiro, possuía cerca de trezentos contos e fui acompanhado ao cemitério por onze amigos. Onze amigos!
>
> ASSIS, Machado de. Memórias póstumas de Brás Cubas. *Machado de Assis*: obra completa. Rio de Janeiro: Aguilar, 1979, p. 513.

Em relação ao tempo da fábula, *Memórias póstumas de Brás Cubas* percorre toda a vida do narrador-personagem desde seu nascimento até sua morte, portanto 64 anos. O ponto de vista temporal do narrador (o tempo da enunciação ou tempo do discurso) é o presente, marco pelo qual o narrador vai organizar a temporalidade, retornando no nível da fábula a acontecimentos passados ("expirei às duas horas da tarde de uma sexta-feira do mês de agosto de 1869"). Há, pois, uma anacronia, isto é, um salto temporal, na medida em que o tempo do discurso não corresponde ao tempo dos acontecimentos narrados. Há um movimento retrospectivo (analepse) pelo qual os acontecimentos passados são evocados pela memória. A narrativa, contrariando o uso comum, como afirma o próprio narrador, inicia-se pela morte do autor ("Suposto o uso vulgar seja começar pelo nascimento, duas considerações me levaram a adotar diferente método"), embora posteriormente passe a narrar os acontecimentos de sua vida de uma maneira que cria a sensação de uma ordem cronológica, manipulando o tempo conforme a importância do fato narrado para o enredo, omitindo acontecimentos, passando por alguns de forma breve e alongando-se em outros. Importa salientar que os fatos narrados são passados e, sendo narrados pela perspectiva do presente, o que se narra na verdade são as lembranças desses fatos, ou seja, aquilo deles que ficou presente na memória. Por isso, quando afirma que "expirei às duas horas da tarde", "possuía cerca de trezentos contos", "fui acompanhado por onze amigos", esses fatos passados presentificam-se no discurso narrativo.

As personagens

Embora em sua *Poética* Aristóteles considere a personagem um elemento secundário da narrativa, reservando à ação o papel de destaque, é fato que as personagens são essenciais às narrativas, pois os fatos narrados sempre farão referência àqueles que os viveram. Sem um agente, o fato narrado é ininteligível, pois o mundo narrado é o mundo da personagem, narrado por um narrador, que pode fazer parte do mundo narrado. Por outro lado, no romance moderno, a personagem tem ocupado um papel até mais importante do que o fato narrado, sendo considerada um "ser de papel", de tal sorte que em torno dela tem se organizado a narrativa, eclipsando a ação. O que fica da leitura de *Madame Bovary* não são propriamente os fatos vividos pela protagonista, mas a própria protagonista, como "figura humana", com seus dramas e sonhos. Não é sem razão que, a partir dessa personagem, criou-se o termo bovarismo para designar um comportamento similar ao da protagonista do romance de Flaubert. No romance *Oblomov*, do escritor russo Ivan Gontcharóv, o protagonista, Iliá Ilitch Oblomov, passa o tempo todo do romance praticamente sem fazer nada, ficando na cama de roupão, elaborando projetos que não são realizados. O que fica desse romance não são as ações, já que o protagonista não faz nada, mas o próprio protagonista, tanto que, analogamente à obra de Flaubert, criou-se o termo oblomovismo para designar um tipo de comportamento marcado pela ausência de iniciativa.

Em termos linguísticos, uma narrativa comporta três elementos: um processo, atores e circunstâncias. O processo é o fato narrado, expresso por verbos; os atores são as personagens, expressos por nomes; as circunstâncias são as referências espaçotemporais da narrativa. Com base nessa concepção, Greimas (1973) propõe que se substitua o termo personagem por actante, classificando as personagens não pelo que elas são, mas pelo que elas fazem, na medida em que, de um ponto de vista sintático, desempenham o papel de suporte do processo narrativo, funcionando como sujeito, objeto, destinador, destinatário, opositor ou adjuvante. Neste livro, não me baseio na teoria greimasiana sobre as narrativas, por isso julgo adequado ainda falar-se em personagem, por se tratar de termo de larga tradição nos estudos literários e que, além disso, traz em si a ideia de ficcionalidade. Nas narrativas, o conhecimento que temos das personagens não advém apenas do que o narrador nos informa ou descreve, mas também de suas próprias ações e das relações que elas mantêm entre si, já que nas narrativas são interdependentes. Nesse sentido, os diálogos assumem papel essencial na configuração das personagens de ficção.

PARA SABER MAIS!

A palavra personagem (do latim: *persona, ae*) traz em si a ideia de máscara. *Persona* (de *per sonare* = soar através de) era a máscara usada pelos atores nas representações que possibilitava que o som da voz chegasse bem aos espectadores.

Ao lado de personagens de extrema complexidade, com um mundo interior riquíssimo e que nunca se consegue apreendê-las totalmente em sua interioridade, há personagens menos complexas, com pouca vida interior. Com base nisso, Forster (2005) propôs uma classificação das personagens em planas e esféricas.

Para esse autor, personagens planas são construídas em redor de uma ideia ou qualidade simples, podem ser resumidas por uma frase e são estáticas, vale dizer, seu comportamento não se altera no decorrer da narrativa e costumam não ocupar uma posição de destaque na fábula. Em geral, uma personagem plana não será protagonista da história. Um exemplo é a personagem José Dias do romance *Dom Casmurro*, cuja característica típica é um tique verbal: expressar-se por superlativos. A frase que resume José Dias pode ser encontrada na voz do próprio narrador da história: "José Dias amava os superlativos."

Personagens esféricas, ao contrário, são aquelas cujo comportamento é capaz de surpreender o leitor, uma vez que, ricas interiormente, não se configuram como tipos ou caricaturas e são construídas durante o processo narrativo, ou seja, não nos são apresentadas como prontas, acabadas. Para ficar num romance já citado, Bentinho e Capitu são exemplos de personagens esféricas.

Outra classificação que se faz das personagens leva em conta o relevo que têm na narrativa. Com base nisso, há a personagem principal (o protagonista, ou o herói) e personagens secundárias. Prefiro o termo *protagonista* a *herói*, uma vez que esse último pode levar à associação com o bem, o que nem sempre é verdade. São inúmeras as narrativas em que o protagonista não representa o bem ou qualquer comportamento ético louvável, como em *O talentoso Ripley*, de Patricia Highsmith, *Macunaíma*, de Mário de Andrade, *Memórias de um sargento de milícias*, de Manuel Antônio de Almeida, razão pela qual os protagonistas dessas obras são chamados de anti-heróis. O protagonista é, em síntese, o fio condutor da narrativa, o centro dos acontecimentos, ou seja, é aquela personagem cujos passos são seguidos pelo narrador. Por outro lado, o leitor acompanha o texto narrativo a partir da perspectiva do protagonista, retendo na memória as ações, pensamentos, objetos e lugares que se referem a ele.

Observe o trecho a seguir, extraído do romance *Vício inerente*, de Thomas Pynchon: "Perto do entardecer, Tito deixou Doc perto de Dunecrest, e foi pousar em outro planeta. Ele entrou no Pipeline para encontrar algumas centenas de pessoas que não conhecia mas que estavam agindo como fregueses habituais desde sempre" (2010: 318).

O anafórico *ele* retoma um antecedente expresso. Mas qual? Tito ou Doc? Por saber que o protagonista do romance é a personagem Doc, o leitor associa imediatamente o pronome ele a essa personagem e não a Tito.

Há narrativas com protagonista dual, ou seja, duas personagens protagonizando as ações no mesmo nível de importância. Perguntado qual o protagonista de *Romeu e Julieta*, não haveria como responder citando apenas um deles. No romance machadiano, *Esaú e Jacó*, dois irmãos gêmeos, Pedro e Paulo, protagonizam os acontecimentos.

Pelo que foi exposto até aqui, parece haver certa identificação entre personagens e pessoas humanas, e isso ocorre porque personagens são seres antropomorfizados, o que significa que o parâmetro para sua construção e interpretação são valores humanos. Ao lermos *A metamorfose*, de Kafka, julgamos a personagem Gregor Samsa com base no comportamento humano, ainda que já na primeira frase da narrativa ele nos apareça como um grande inseto ("Quando certa manhã Gregor Samsa acordou de sonhos intranquilos, encontrou-se em sua cama metamorfoseado num inseto monstruoso"). No conto "Kholstomér, a história de um cavalo", Tolstoi coloca como narrador um cavalo. Segue um trecho desse conto.

> Eu entendi bem o que eles disseram sobre os lanhões e o cristianismo, mas naquela época era absolutamente obscuro para mim o significado das palavras "meu", "meu potro", palavras através das quais eu percebia que as pessoas estabeleciam uma espécie de vínculo entre mim e o chefe dos estábulos. Não conseguia entender de jeito nenhum em que consistia esse vínculo. Só o compreendi bem mais tarde, quando me separaram dos outros cavalos. Mas, naquele momento, não houve jeito de entender o que significava me chamarem de propriedade de um homem. As palavras "meu cavalo", referidas a mim, um cavalo vivo, pareciam-me tão estranhas quanto as palavras "minha terra", "meu ar", "minha água".
> No entanto, estas palavras exercem uma enorme influência sobre mim. Eu não parava de pensar nisso e só muito depois de ter as mais diversas relações com as pessoas compreendi

finalmente o sentido que atribuíam àquelas estranhas palavras. Era o seguinte: os homens não orientam suas vidas por atos, mas por palavras. Eles não gostam tanto da possibilidade de fazer ou não fazer alguma coisa quanto da possibilidade de falar de diferentes objetos utilizando-se de palavras que convencionaram entre si. Dessas, as que mais consideram são "meu" e "minha", que aplicam a várias coisas, seres e objetos, inclusive à terra, às pessoas e aos cavalos. Convencionaram entre si que, para cada coisa, apenas um deles diria "meu". E aquele que diz "meu" para o maior número de coisas é considerado o mais feliz, segundo esse jogo. Para que isso, não sei, mas é assim. Antes eu ficava horas a fio procurando alguma vantagem imediata nisso, mas não dei com nada.

Muitas das pessoas que me chamavam, por exemplo, de "meu cavalo" nunca me montavam; as que o faziam eram outras, completamente diferentes. Também eram bem outras as que me alimentavam. As que cuidavam de mim, mais uma vez, não eram as mesmas que me chamavam "meu cavalo", mas os cocheiros, os tratadores, estranhos de modo geral. Mais tarde, depois que ampliei o círculo das minhas observações, convenci-me de que, não só em relação a nós, cavalos, o conceito de "meu" não tem nenhum outro fundamento senão o do instinto vil e animalesco dos homens, que eles chamam de sentimento ou direito de propriedade.

TOLSTOI, Liev. Kholstomér: a história de um cavalo. *O diabo e outras histórias.* São Paulo: Cosac&Naify, 2010, pp. 73-74.

Nessa narrativa, o narrador é o cavalo que dá título ao conto. Trata-se de um cavalo puro-sangue que é desprezado pelos diversos donos que teve por ter a pelagem malhada. O narrador-cavalo faz reflexões de natureza filosófica sobre o comportamento humano, particularmente sobre como o ser humano relaciona-se com as coisas e pessoas pelo sentimento de propriedade. Suas reflexões, como se fosse um psicanalista, ancoram-se na linguagem humana. Como um analista da linguagem, destaca o caráter arbitrário do signo ("possibilidade de falar de diferentes objetos utilizando-se de palavras que convencionaram entre si"), a distância entre o dizer e o fazer, a relação entre os possessivos de primeira pessoa e as coisas.

Dada a sofisticação e profundidade das reflexões, a voz do narrador-cavalo é a manifestação de um discurso humano de caráter político, cuja intenção é fazer uma crítica a um tipo de sociedade assentada no direito de propriedade e que também questiona a chamada racionalidade humana, invertendo os papéis racional/irracional, já que o cavalo é dotado de consciência. Note que a escolha do narrador, nesse caso, tem função capital na construção da narrativa, porque a escolha de um cavalo como narrador estabelece um distanciamento em relação à matéria narrada que permite observar comportamentos humanos que o próprio homem não mais observa por tê-los automatizados.

A identificação personagem/pessoa é apenas aparente, pois personagens são entes ficcionais e não reais. Mesmo que em alguns casos possam ser inspirados em pessoas de carne e osso, as personagens são feitas de palavras e vivem nos textos e é pelos textos que tomamos contato com elas.

Forster (2005), por meio de uma comparação, estabelece uma diferença elucidativa entre personagem e pessoa. A primeira seria o *Homo fictus*, que não é o equivalente ao *Homo sapiens*. O *Homo fictus* não é o ser fisiológico, não vai ao banheiro, só come quando a refeição tem a ver com o desenrolar da história, pouco dorme. Por outro lado, vive intensamente as relações humanas.

Forster (2005: 70) dá ainda um exemplo bastante elucidativo:

> Se uma personagem de romance for exatamente igual à rainha Vitória – não parecida, mas exatamente igual –, então ela é realmente a rainha Vitória, e o livro, ou todas as suas partes concernentes a esta personagem, deixará de ser um romance para se tornar um memorial.

Napoleão, no romance *Guerra e paz*, de Tolstoi, passa a ser uma personagem ficcional como Pierre, Natacha, Nikolai, Andrei, Sônia e tantos outros que fazem parte da narrativa, pois o Napoleão ali retratado com relativa fidelidade é uma criação literária de Tolstoi reconstituída a partir do Napoleão real, que Tolstoi conheceu e estudou pelos livros.

Em *A insustentável leveza do ser*, o romancista tcheco Milan Kundera, referindo-se à personagem de ficção afirma: "Seria tolice do autor afirmar ao leitor que seus personagens realmente existiram. Não nasceram de um corpo materno, mas de algumas frases evocativas ou de uma situação-chave" (2008: 43).

Qualquer ser ou objeto pode ser personagem de narrativas, desde que antropomorfizados. No conto "Um apólogo", de Machado de Assis, as personagens são uma agulha, uma linha e um alfinete; nas fábulas, as personagens são animais. Nos romances *O cortiço*, de Aluísio Azevedo, e *Bruges, a morta*, de Georges Rodenbach, o próprio cortiço e a cidade de Bruges, na Bélgica, elevam-se à categoria de personagem.

Como se pode observar no trecho a seguir, por meio do processo de predicação, o cortiço é antropomorfizado, deixando de ser apenas circunstante para galgar à categoria de actante.

> Eram cinco horas da manhã e o cortiço acordava, abrindo, não os olhos, mas a sua infinidade de portas e janelas alinhadas. Um acordar alegre e farto de quem dormiu de uma assentada sete horas de chumbo. Como que se sentiam ainda na indolência de neblina as derradeiras notas da última guitarra da noite antecedente, dissolvendo-se à luz loura e tenra da aurora, que nem um suspiro de saudade perdido em terra alheia.
>
> AZEVEDO, Aluísio. *O cortiço*. Porto Alegre: L&PM, 2009, p. 37.

Na Advertência que faz a seu romance, o autor de *Bruges, a morta* destaca que a cidade não é simples cenário da história, mas personagem dela, como se pode ler no trecho a seguir.

> A principal intenção deste estudo passional está em evocar uma Cidade, a Cidade como personagem essencial que, associada aos estados d'alma, aconselha, dissuade, induz a agir. Assim, dentro da realidade, esta Bruges, que elegemos com agrado, aparece quase humana... exercendo sua ascendência sobre todos que nela vivem, moldando-os segundo seus lugares e seus sinos.
> Aí está o que desejamos sugerir: a Cidade a orientar uma ação; suas paisagens urbanas não tão somente como telas de fundo, como temas descritivos, um tanto arbitrariamente escolhidos, mas ligados à sequência do livro.
>
> RODENBACH, Georges. *Bruges, a morta*. São Paulo: Clube do Livro, 1960, p. 25.

O espaço

As ações se desenrolam no tempo e acontecem em algum lugar. O espaço da narrativa é o local em que as personagens se movimentam. Trata-se, pois, do componente físico do cenário, seja ele aberto, como uma cidade, por exemplo, ou fechado, como uma sala, um quarto ou um mosteiro. O espaço físico engloba seus elementos constituintes, exteriores (o cenário geográfico) e interiores (objetos que o compõem). As personagens não atuam só num espaço físico, mas também num espaço social. O espaço em que atuam as personagens de *Vidas secas* difere do espaço em que circulam as personagens de *Quincas Borba* e de *Grande sertão: veredas*, não apenas no que se refere ao ambiente físico, mas também ao ambiente social.

O espaço tem papel importante na construção da verossimilhança narrativa. Isso é tão forte que muita gente, quando vai a Londres, procura conhecer o prédio 221B da Baker Street, para conhecer a casa onde "morou" Sherlock Holmes. O Castelo de If, próximo a Marselha, também costuma receber muitos turistas que querem conhecer o local onde ficou preso Edmond Dantès, o protagonista do romance *O conde de Monte Cristo*, de Alexandre Dumas. O fato de as ações dessas narrativas serem situadas em espaços que têm existência real contribui não só para a criação de um clima narrativo, mas principalmente para a aproximação entre o mundo ficcional e o real.

Os elementos da narrativa (narrador, ação, tempo, personagens e espaço) se articulam. Dessa forma, as ações se desenrolam no tempo, referem-se a personagens que transitam num espaço e isso é contado por um narrador; portanto, a separação que se faz desses elementos tem apenas função didática, devendo o leitor atentar para cada um deles, sempre em função de um todo articulado. Deve-se, pois, levar em conta que não apenas as ações e personagens situam-se num espaço, o próprio narrador está situado em algum lugar e, como se viu, isso tem implicações no modo de narrar.

Certas narrativas privilegiam o espaço mais que outras, havendo casos em que o lugar em que se desenrolam os acontecimentos influi diretamente no comportamento das personagens e no desenvolvimento dos eventos narrados. Há casos em que o autor chega a apresentar um desenho com planta do local em que acontecem as ações para que o leitor possa acompanhar melhor o movimento das personagens nesse espaço, como é o caso dos romances *O nome da rosa*, de Umberto Eco, e *Crônica da casa assassinada*, de Lúcio Cardoso.

Finalizando esta seção, chamo a atenção para que o leitor atente para o fato de que, em muitas narrativas, o espaço não se reduz a mero cenário, devendo ser visto como o ambiente em que os fatos se desenrolam. Por cenário, entendo o espaço físico, perceptível pelos sentidos, e que tem natureza objetiva. Ambiente vai além do espaço físico, pois envolve elementos de ordem subjetiva, cultural, psicológica, moral, ideológica, como bem atestam os PCNs quando afirmam que "Guimarães Rosa procurou no interior de Minas Gerais a matéria-prima de sua obra: cenários, modos de pensar, sentir, agir, de ver o mundo, de falar sobre o mundo, uma bagagem brasileira que resgata a brasilidade" (Brasil, 2000: 20).

Quando tratei de narrativas centradas no espaço, citei como exemplos os romances *O cortiço* e *Bruges, a morta*. Cumpre destacar, que o cortiço e a cidade de Bruges, nesses romances, não são meros cenários, mas ambientes, na medida em que são determinantes no comportamento das personagens.

PARA TRABALHAR COM SEUS ALUNOS

Atividade 1

Objetivo:

Levar os alunos a reconhecer quem é o narrador, bem como identificar suas características, particularmente classe social e religião, a partir de informações presentes na superfície do texto.

> Nos meses antes de completar treze anos eu estudei para fazer Bar Mitzvah. Duas vezes por semana eu ia à casa de um rabino. Éramos seis ou sete alunos, e cada um levava para casa uma fita com trechos da Torá gravados e cantados por ele.
> [...]
> Aos treze anos eu morava numa casa com piscina, e nas férias de julho fui para a Disneylândia, e andei de montanha-russa espacial, e vi os piratas do Caribe, e assisti à parada e aos fogos, e na sequência visitei o Epcot Center, e vi os golfinhos do Sea World, e os crocodilos do Cypress Gardens, e as corredeiras do Busch Gardens, e os espelhos de vampiro na Mystery Fun House.
>
> LAUB, Michel. *Diário da queda*. São Paulo: Companhia das Letras, 2011, pp. 9-12.

Em *Diário da queda*, há um narrador que participa como protagonista da história que narra: narrador autodiegético. A seleção lexical é um dos elementos que permitem caracterizar personagens nas narrativas. Nesse trecho, as figuras que se referem à personagem encadeiam-se no nível sintagmático, conferindo-lhe não só unidade de sentido; mas também, atualizadas pelo leitor, funcionam como caracterizadoras da personagem. A personagem é judeu e de classe média alta (ou alta). O conhecimento de mundo permite inferir, a partir das figuras presentes no texto, que quem mora numa casa com piscina e viaja à Disneylândia em férias pertence às camadas socialmente mais privilegiadas. As pistas, no caso figuras, que permitem inferir a religião do narrador são as palavras *Bar Mitzvah*, *rabino*, *Torá*.

O professor pode sugerir a leitura integral do romance de Michel Laub, que trata, entre outras coisas, da questão do preconceito entre adolescentes, lembrando-se de que a temática da obra está dentro do que propõem os PCNs de ensino médio, que afirmam que "o respeito à diversidade é o principal eixo da proposta".

Atividade 2

Objetivo:
Distinguir num conto fábula de enredo e caracterizar o narrador.

Os alunos deverão ler o conto "Desenredo", de Guimarães Rosa, que faz parte da obra *Tutaméia: Terceiras estórias*. Trata-se de conto bastante curto, que, portanto, pode ser lido durante a aula. Lido o conto e esclarecidas possíveis dúvidas sobre vocabulário, solicitar aos alunos um resumo da história (paráfrase). Com certeza, não deverão encontrar dificuldade em fazê-lo. Reconhecida e resumida a fábula, o passo seguinte será que eles descrevam como ela é narrada, isto é, deverão explicitar o enredo.

A pista para os alunos perceberem a forma como se dispõe o enredo encontra-se no próprio título do conto: Desenredo. O título de uma obra funciona como focalizador. A partir dele, o leitor cria um contexto cognitivo que orientará sua leitura. É claro que às vezes essa contextualização prospectiva dada pelo título pode não se confirmar, o que não é o caso do conto de Guimarães Rosa, na medida em que o título é pista que possibilita ao leitor construir o sentido do texto. Questionar os estudantes por que o autor optou por esse título e não por outro, como "A mulher traidora", "A esposa infiel", "A mariposa voadora", por exemplo.

Espera-se que os estudantes identifiquem que se enreda uma história e, a seguir, ela é desenredada. O conto serve, portanto, como excelente ilustração de como se constrói uma narrativa ficcional. Quanto à perspectiva, a focalização é onisciente; quanto à participação, trata-se de um narrador heterodiegético; e, quanto ao ponto de vista, narrador subjetivo.

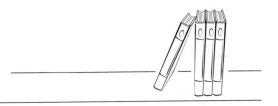

Conclusão

O final do percurso se aproxima e, por isso, gostaria de fazer um balanço do que aqui foi discutido. O objetivo não foi apresentar uma obra para especialistas, tampouco tive a pretensão de esgotar o tema. As reflexões apresentadas procuraram fornecer subsídios para uma leitura eficaz de textos literários. Ressalto que nada suprime a leitura dos próprios textos, pois a formação do leitor literário se faz pela leitura contínua e atenta de romances, contos, poemas, crônicas... de autores diversos, de épocas diversas, de nacionalidades diversas. Comentei que a intertextualidade é constitutiva dos textos. Um texto remete a outro, que, por sua vez, remete a outro, de forma que o conhecimento do que se produz e produziu em literatura é essencial para se entender os textos e esse conhecimento se adquire pela leitura.

Falei que no ato de ler estão envolvidos diversos conhecimentos (linguísticos, enciclopédicos, textuais, interacionais). Quanto aos conhecimentos textuais, defendo que os textos literários têm características próprias que os diferem de outros textos e isso não reside apenas no gênero; pois, como assinalei, nem tudo que é escrito em versos é poesia, como nem todo romance é literatura. Aliás, comecei este livro discutindo que não é pacífica a classificação de um texto como literário. O caminho por que optei foi estudar os textos literários a partir dos gêneros, ao contrário do que comumente se faz na escola, em que o estudo da literatura se concentra em aspectos relativos ao estilo de época.

Embora os gêneros literários historicamente sofram mudanças (o romance atual difere do romance do século XIX, a poesia moderna difere da poesia do século XVII), há algo que permanece nos gêneros (se não permanecesse seria outro gênero). Bakhtin ressalta que os gêneros são formas *relativamente* estáveis. Intentei explicitar o que caracteriza um romance, um conto, uma novela, um poema. Cabe ao leitor, de posse dos conceitos apresentados, ver como eles se configuram nas diversas obras literárias. Ao mostrar que no romance há personagem, fábula, enredo, narrador, tempo, espaço, procurei fornecer subsídios para que se observe como tais componentes desse gênero narrativo se manifestam em diferentes textos concretos, ou seja, os aspectos teóricos levantados servem de guia para orientar a leitura, levando a observar o papel do narrador, das personagens, como a história é enredada, como se desenrolam os acontecimentos no tempo etc.

Como salientei, o sentido não está no texto, mas é construído a partir dele pelo leitor, de sorte que leitores diferentes construirão sentidos diferentes para um mesmo texto. Os conceitos apresentados tiveram apenas o condão de mostrar as características dos gêneros literários estudados, jamais o de orientar no sentido de uma leitura única e fechada. Mesmo quando apresentei alguma interpretação para algum texto que me serviu de exemplo, essa interpretação foi pessoal e não tenho a pretensão de que seja a única.

Reitero o que disse em alguns momentos deste livro: certos conceitos discutidos não têm unanimidade entre as diversas vertentes teóricas e mesmo entre autores de uma mesma corrente. A nomenclatura empregada também sofre variações em decorrência da fundamentação teórica adotada, de sorte que os conceitos e a nomenclatura aqui apresentados, bem como a visão exposta reflete a minha posição pessoal, que teve por fundamento autores e obras constantes nas referências.

Nietzsche dizia que o bom leitor é o leitor bovino, aquele que lê ruminando o texto. Pelo menos em relação ao texto literário, as palavras do filósofo alemão devem ser tomadas como um princípio orientador da leitura, pois a compreensão de uma obra literária nem sempre é imediata, por isso temos de ir ao texto com paciência, sem pressa, ler, reler, deixar o texto falar. Enfim, numa cultura marcada pela velocidade, cremos que uma das primeiras coisas que devemos ensinar aos nossos alunos é que eles aprendam a ler bovinamente.

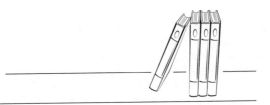

Bibliografia

ADAM, Jean-Michel. *A linguística textual*: introdução à análise textual dos discursos. São Paulo: Cortez, 2011.
AGUIAR E SILVA, Vítor Manuel de. *Teoria da literatura*. 8. ed. Coimbra: Almedina, 2011.
ALIGHIERI, Dante. *A divina comédia*. 7. ed. Belo Horizonte: Vila Rica, 1991.
ALMEIDA, Júlia Lopes de. A caolha. In: MORICONI, Italo (Org.). *Os cem melhores contos brasileiros do século*. Rio de Janeiro: Objetiva, 2001, pp. 49-54.
ALMEIDA, Manuel Antônio de. *Memórias de um sargento de milícias*. Cotia: Ateliê, 2006.
ANDRADE, Mário. *Macunaíma*: o herói sem nenhum caráter. 33. ed. Garnier: Belo Horizonte/ Rio de Janeiro, 2004.
ANJOS, Augusto dos. *Eu*: outras poesias. 31. ed. Rio de Janeiro: Livraria São José, 1971.
ANJOS, Cyro dos. *O amanuense Belmiro*. 8. ed. Rio de Janeiro: José Olympio, 1975.
ARISTÓTELES. *Arte Retórica e Arte Poética*. São Paulo: Difusão Europeia do Livro, 1959.
ASSIS, Machado de. Dom Casmurro. *Machado de Assis*: obra completa. Rio de Janeiro: Aguilar, 1979.
____. Memórias póstumas de Brás Cubas. *Machado de Assis*: obra completa. Rio de Janeiro: Aguilar, 1979.
____. Quincas Borba. *Machado de Assis*: obra completa. Rio de Janeiro: Aguilar, 1979.
AUSTIN, John Langshaw. *Quando dizer é fazer*: palavras e ação. Porto Alegre: Artes Médicas, 1990.
AZEVEDO, Aluísio. *O cortiço*. Porto Alegre: L&PM, 2009.

Bakhtin, Mikhail. Os gêneros do discurso. *Estética da criação verbal*. 3. ed. São Paulo: Martins Fontes, 2000, pp. 277-326.

_____. *Problemas da poética de Dostoievski*. 3. ed. Rio de Janeiro: Forense Universitária, 2005.

Bananére, Juó. *La divina increnca*. São Paulo: Folco Masucci, 1966.

Barreto, Lima. *Triste fim de Policarpo Quaresma*. São Paulo: Penguin, 2012.

Barthes, Roland. Introdução à análise estrutural da narrativa. In: _____ et al. *Análise estrutural da narrativa*. 7. ed. Petrópolis: Vozes, 2011, pp. 19-62.

Beaugrande, Robert-Alain de; Dressler, Wolfgang Ulrich. *Introducción a la lingüística del texto*. Barcelona: Ariel, 2005.

Benveniste, Émile. Da subjetividade na linguagem. *Problemas de linguística geral I*. 4. ed. Campinas: Pontes/Editora da Universidade Estadual de Campinas, 1995, pp. 284-93.

_____. O aparelho formal da enunciação. *Problemas de linguística geral II*. Campinas: Pontes, 1989, pp. 81-90.

Bolaño, Roberto. *Detetives selvagens*. São Paulo: Companhia das Letras, 2006.

Brasil. Secretaria da Educação Fundamental. *Parâmetros Curriculares Nacionais*: Língua Portuguesa. Brasília: mec/sef, 1997.

_____. *Parâmetros Curriculares Nacionais*: terceiro e quarto ciclos do Ensino Fundamental, Língua Portuguesa. Brasília: mec/sef, 1998.

_____. *Parâmetros Curriculares Nacionais (Ensino Médio), Parte II*: Linguagens, Códigos e suas Tecnologias. Brasília: mec/sef, 2000.

Bronckart, Jean-Paul. *Atividade de linguagem, textos e discurso*: por um interacionismo sociodiscursivo. 2. ed. São Paulo: Educ, 2007.

Camões, Luís de. *Obra completa*. Rio de Janeiro: Aguilar, 1963.

Camus, Albert. *A peste*. 17. ed. Rio de Janeiro: Record, 2007.

Cardoso, Lúcio. *Crônica da casa assassinada*. Rio de Janeiro: Nova Fronteira, 1979.

Ceia, Carlos. *E-Dicionário de termos literários*. Disponível em: <http://www.edtl.com.pt/index.php?option=com_mtree&task=viewlink&link_id=350&Itemid=2>. Acesso em: 16 fev. 2013.

Cervantes, Miguel de. *Dom Quixote de La Mancha*. São Paulo: Penguin Classics/Companhia das Letras, 2012, v. I.

_____. *Dom Quixote de La Mancha*. Rio de Janeiro: Ediouro, 2002, v. II.

Chartier, Roger. *A aventura do livro*: do leitor ao navegador. São Paulo: Editora da Unesp/Imprensa Oficial do Estado, 1998.

Chauí, Marilena. *Convite à filosofia*. 13. ed. São Paulo: Ática, 2009.

Cortázar, Julio. Alguns aspectos do conto. *Valise de Cronópio*. 2. ed. São Paulo: Perspectiva, 1993, pp.147-63.

_____. As babas do diabo. *As armas secretas*. Rio de Janeiro: Best Bolso, 2012, pp. 56-71.

Cruz e Sousa, João da. *Obras completas*. Rio de Janeiro: José Aguilar, 1961.

Cunha, Euclides. *Os sertões*. 39. ed. Rio de Janeiro: Francisco Alves, 2000.

Dantas, Janduhi. *Lições de gramática em versos de cordel*. Petrópolis:Vozes, 2009.

_____. *A mulher que vendeu o marido por R$1,99*. Disponível em: <http://www.camarabrasileira.com/cordel48.htm>. Acesso em: ago. de 2013.

Donato, Hernâni. *Contos dos meninos índios*. São Paulo: Melhoramentos, 2005.

Dostoievski, Fiodor. *Memórias do subsolo*. São Paulo: Editora 34, 2000.

Ducrot, Oswald. *Provar e dizer*: leis lógicas e leis argumentativas. São Paulo: Global, 1981.

EAGLETON, Terry. *Teoria da literatura*: uma introdução. 6. ed. São Paulo: Martins Fontes, 2006.
EIKHENBAUM, Boris. Sobre a teoria da prosa. In: TODOROV, Tzvetan (Org.). *Teoria da literatura*. Lisboa: Edições 70, s. d., v. II, pp. 71-84.
ESPELHO no cofre. *Os grandes contos populares do mundo*. Rio de Janeiro: Ediouro, 2005, pp. 298-99.
FORSTER, Edward Morgan. *Aspectos do romance*. 4. ed. São Paulo: Globo, 2005.
GEDEÃO, António. *Poesias completas (1956-1967)*. 7. ed. Lisboa: Portugália, 1978.
GOTLIB, Nádia Battella. *Teoria do conto*. 11. ed. São Paulo: Ática, 2011.
GREIMAS, Algirdas Julien. *Semântica estrutural*. São Paulo: Cultrix/Edusp, 1973.
HAMSUN, Knut. *Fome*. Belo Horizonte: Itatiaia, 2004.
HEMINGWAY, Ernest. *As torrentes da primavera seguido de Um gato à chuva*. Lisboa: Livros do Brasil, 1999.
____. As neves de Kilimanjaro. *As neves do Kilimanjaro e outros contos*. Rio de Janeiro: BestBolso, 2011, pp. 9-37.
____. Cinquenta mil. *As neves do Kilimanjaro e outros contos*. Rio de Janeiro: BestBolso, 2011, pp. 38-64.
____. Os pistoleiros. *As neves do Kilimanjaro e outros contos*. Rio de Janeiro: BestBolso, 2011, pp. 128-38.
JOLLES, André. *Formas simples*. São Paulo: Cultrix, 1976.
JOYCE, James. *Ulisses*. Rio de Janeiro: Objetiva, 2005.
KAFKA, Franz. *A metamorfose*. São Paulo: Companhia das Letras, 1997.
KOCH, Ingedore Grunfeld Villaça. *A inter-ação pela linguagem*. 8. ed. São Paulo: Contexto, 2003.
____. *Desvendando os segredos do texto*. 4. ed. São Paulo: Cortez, 2005.
____; ELIAS, Vanda Maria. *Ler e compreender*: os sentidos do texto. 2. ed. São Paulo: Contexto, 2006.
____; ____. *Ler e escrever*: estratégias de produção textual. São Paulo: Contexto, 2009.
____; BENTES, Ana Christina; MAGALHÃES, Mônica. *Intertextualidade*: diálogos possíveis. São Paulo: Cortez, 2007.
KRISTEVA, Julia. *Introdução à semanálise*. São Paulo: Perspectiva, 1974.
KUNDERA, Milan. *A insustentável leveza do ser*. São Paulo: Companhia das Letras, 2008.
LAUB, Michel. *Diário da queda*. São Paulo: Companhia das Letras, 2011.
LENCASTRE, Leonor. *A leitura*: a compreensão de textos. Lisboa: Calouste Gulbenkian/Fundação para a Ciência e Tecnologia, 2003.
LISPECTOR, Clarice. O búfalo. *Laços de família*. Rio de Janeiro: Rocco, 1998.
LIVRO das mil e uma noites. 2. ed. São Paulo: Globo, 2005, v. 2.
MANN, Thomas. *A montanha mágica*. 2. ed. Rio de Janeiro: Nova Fronteira, 2000.
MARCUSCHI, Luiz Antônio. Leitura como processo inferencial num universo cultural-cognitivo. In: BARZOTTO, V. H. (Org.). *Estado de leitura*. Campinas: Mercado de Letras/Associação de Leitura do Brasil, 1999, pp. 95-124.
____. *Produção textual, análise de gêneros e compreensão*. 3. ed. São Paulo: Parábola, 2008.
MÁRQUEZ, Gabriel García. *Cem anos de solidão*. 41. ed. Rio de Janeiro: Record, 1995.
MATOS, Gregório de. A Jesus Cristo Nosso Senhor. In: CANDIDO, Antonio; CASTELLO, José Aderaldo. *Presença da literatura brasileira I*: das origens ao romantismo. 5. ed. São Paulo: Difusão Europeia do Livro, 1973.
MELO NETO, João Cabral de. *Morte e vida severina e outros poemas em voz alta*. 9. ed. Rio de Janeiro: José Olympio, 1976.

Melville, Herman. *Billy Budd*. São Paulo: Cosac&Naify, 2003.

Mira y López, Emilio. *Quatro gigantes da alma*: o medo, a ira, o amor, o dever. 24. ed. Rio de Janeiro: José Olympio, 2005.

Moraes, Vinicius de. Feijoada à moda de Vinicius de Moraes. In: Sangirardi, Helena B. *Nova alegria de cozinhar*. 6. ed. Rio de Janeiro: Bloch, 1983.

Musil, Robert. *O homem sem qualidades*. Rio de Janeiro: Nova Fronteira, 2006.

Mutarelli, Lourenço. *O natimorto*. São Paulo: Companhia das Letras, 2009.

Nava, Pedro. *Chão de ferro*. Cotia: Ateliê; São Paulo: Giordano, 2001.

____. *Beira mar*. Cotia: Ateliê; São Paulo: Giordano, 2003.

____. *Baú de ossos*. 11. ed. Cotia: Ateliê; São Paulo: Giordano, 2005.

Paes, José Paulo. Por uma literatura brasileira de entretenimento (ou: O mordomo não é o único culpado). *A aventura literária*: ensaios sobre ficção e ficções. São Paulo: Companhia das Letras, 2001, pp. 25-38.

Palmer, F. R. *Semântica*. Lisboa: Edições 70, s/d.

Pamuk, Orhan. *Meu nome é vermelho*. São Paulo: Companhia das Letras, 2004.

Pessoa, Fernando. *Obra poética*: volume único. Rio de Janeiro: José Aguilar, 1972.

Poe, Edgar Allan. A filosofia da composição. *Ficção completa, poesia e ensaios*. Rio de Janeiro: Nova Aguilar, 2001, pp. 911-20.

Propp, Vladimir Iakovlevitch. *Morfologia do conto maravilhoso*. 2. ed. Rio de Janeiro: Forense Universitária, 2010.

Pynchon, Thomas. *Vício inerente*. São Paulo: Companhia das Letras, 2010.

Reis, Carlos; Lopes, Ana Cristina M. *Dicionário de narratologia*. 7. ed. Coimbra: Almedina, 2011.

Rodenbach, Georges. *Bruges, a morta*. São Paulo: Clube do Livro, 1960.

Rosa, João Guimarães. Conversa de bois. *Ficção completa*. Rio de Janeiro: Nova Aguilar, 1995, v. 1, pp. 405-28.

____. O burrinho pedrês. *Ficção completa*. Rio de Janeiro: Nova Aguilar, 1995, v. 1, pp. 197-241.

Roth, Philip. *A marca humana*. São Paulo: Companhia das Letras, 2002.

Santos Saraiva, F. R. dos. *Novíssimo Dicionário Latino-Português*. 12. ed. Rio de Janeiro: Garnier, 2006.

Shakespeare, William. *Hamlet*. Porto Alegre: L&PM, 2012.

Solé, Isabel. *Estratégias de leitura*. 6. ed. Porto Alegre: Artmed, 1998.

Stendhal. *A cartuxa de Parma*. São Paulo: Companhia das Letras, 2012.

Stevenson, Robert Louis. O estranho caso de Dr. Jekyll e Mr. Hyde. *O clube do suicídio e outras histórias*. São Paulo: Cosac&Naify, 2011, pp. 149-247.

Terra, Ernani. *Leitura de professores*: uma teoria da prática. Tese (Doutorado em Língua Portuguesa) – puc-sp, 2012.

Tolstoi, Liev. Kholstomér: a história de um cavalo. In: *O diabo e outras histórias*. São Paulo: Cosac&Naify, 2010, pp. 48-99.

Trevisan, Dalton. *O anão e a ninfeta*. Rio de Janeiro: Record, 2011.

Unamuno, Miguel de. *Névoa*. São Paulo: Estação Liberdade, 2012.

Vilela, Mário; Koch, Ingedore Villaça. *Gramática da língua portuguesa*: gramática da palavra, gramática da frase, gramática do texto/discurso. Coimbra: Almedina, 2001.

Woolf, Virgínia. *Orlando*: uma biografia. São Paulo: Abril Cultural, 1972.

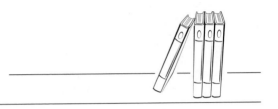

O autor

Ernani Terra é doutor em Língua Portuguesa pela PUC-SP, onde defendeu tese sobre leituras de professores. Desenvolve pesquisas sobre leitura do texto literário e sobre estudos de linguagem para ensino de Português.

Exerce o magistério desde 1974, lecionando nos ensinos fundamental, médio e superior as disciplinas Língua Portuguesa, Literaturas de Língua Portuguesa, Práticas de Leitura e Escrita e Metodologia do Trabalho Científico.

É autor de obras didáticas, paradidáticas e artigos acadêmicos nas áreas de Língua Portuguesa, Literatura e Leitura e Produção de Textos. É coautor do livro *Ensino de língua portuguesa: oralidade, escrita e leitura*, publicado pela Editora Contexto.

GRÁFICA PAYM
Tel. (11) 4392-3344
paym@terra.com.br